Haftbedingungen
in der Bundesrepublik Deutschland

Haftbedingungen in der Bundesrepublik Deutschland

Öffentliche Anhörung zu Gefängnispolitik und Knastalltag

Dokumentation der Tagung
des Komitee für Grundrechte und Demokratie
vom 19.-21. September 2008 in Bonn

Komitee für Grundrechte und Demokratie

Impressum

Herausgeber:

Komitee für Grundrechte und Demokratie

Bestelladresse:
Komitee für Grundrechte und Demokratie
Aquinostr. 7-11
50670 Köln
info@grundrechtekomitee.de
www.grundrechtekomitee.de

1. Auflage: Mai 2009, 600 Exemplare
Preis: 8,- Euro
Titelfoto: JVA Köln-Ossendorf; Foto: Jörg Hauenstein
Redaktion und presserechtlich verantwortlich: Martin Singe, Köln
Druck und Herstellung: hbo-Druck, Einhausen
ISBN: 978-3-88906-130-0

Inhaltsverzeichnis

Vorwort 7

Martin Singe
Zur Arbeit des Komitees für Grundrechte und Demokratie
und seiner Projektgruppe „Strafvollzug" 9

Helmut Pollähne
Haftbedingungen 2008:
Politische, rechtliche und empirische Grundlagen –
Entwicklungen in Strafrecht, Kriminalpolitik und Justizvollzug 19

Johannes Feest
Thesen zur Föderalismusreform 41

Elke Bahl
„Exklusion" als strukturelle Haftbedingung:
Exkludierende Haftfolgen 49

Wolfgang Lesting
Rechtsschutzdefizite im Strafvollzug 55

Klaus Jünschke
Zu den Haftbedingungen und ihrer Geschichte 61

Sebastian Scharmer
Konkrete Haftbedingungen – aus Sicht eines Strafverteidigers 69

Karl-Heinz Bredlow
Konkrete Haftbedingungen – aus Sicht eines JVA-Leiters 81

Sven Born
„Es geht um ein Leben in Freiheit, und nicht um ein Leben in
Gefangenschaft, auf das der Gefangene vorbereitet werden soll." 93

Heike Rödder
Impuls zum Forum „Konkrete Haftbedingungen" –
aus Sicht einer Gefangenenseelsorgerin 99
Berichte von Inhaftierten – aufgezeichnet von Heike Rödder 103

Gabriele Scheffler
Programmatische Forderungen zur Situation inhaftierter Frauen 113

Klaus Jünschke
Bericht zur Arbeitsgruppe Jugendstrafvollzug 121

Klaus Jünschke
Menschen statt Mauern – Ein Praxisbericht 125

Gabriele Klocke
Haftbedingungen in deutschen Strafvollzugsanstalten
aus sprachwissenschaftlicher Perspektive 133

Wolf-Dieter Narr
Der Gegensatz: Menschenrechte und Haft
Gründe einer Gefängnisbefreiung von Staat und Gesellschaft 147

Verzeichnis der Autorinnen und Autoren 163

Komitee-Publikationen zum Strafvollzug 165

Vorwort

In der vorliegenden Broschüre dokumentieren wir die Beiträge der Tagung des Komitees für Grundrechte und Demokratie zum Thema „Haftbedingungen in der Bundesrepublik Deutschland". Diese Tagung fand als „Öffentliche Anhörung zu Gefängnispolitik und Knastalltag" mit Unterstützung der Werner-Holtfort-Stiftung vom 19.-21. September 2008 in Bonn statt.

Die Auswirkungen der aktuellen Justiz- und Kriminalpolitik auf den Strafvollzug sowie die haftinternen Entwicklungen in den bundesdeutschen Justizvollzugsanstalten standen im Mittelpunkt der Tagung. Föderalismusreform, Zunahme der Gefangenenrate, längere Verbüßungszeiten, Ausweitungen des Verwahrvollzuges, Überbelegungen, starke Rückgänge bei Vollzugslockerungen ... so lauteten einige der Stichworte, die die heutigen Haftbedingungen kennzeichnen.

Mit unserer Dokumentation wollen wir dazu beitragen, die gegenwärtig mit Sicherheitsideologien überfrachtete Kriminal- und Gefängnispolitik einer menschenrechtlich-kritischen Bilanz zu unterziehen, um neue und alternative Blicke auf den Umgang mit „den Fehlsamen" (Helga Einsele) zu eröffnen. Es bedarf menschenrechtlicher Phantasie und politischer Anstrengung, um strafrechtliche Gewalt zurückzudrängen und zu überwinden.

Wir danken allen Referentinnen und Referenten, die ihre Beiträge – in teils überarbeiteter Form – für diese Dokumentation zur Verfügung gestellt haben.

Köln, im Mai 2009
für die Komitee-Projektgruppe „Strafvollzug"
Martin Singe

Zur Arbeit des Komitees für Grundrechte und Demokratie und seiner Projektgruppe „Strafvollzug"
Begrüßung und Einführung zur Tagung

Martin Singe

Sehr geehrte Damen und Herren, liebe Freundinnen und Freunde! Zu unserer Tagung „Haftbedingungen in der Bundesrepublik Deutschland" möchte ich Sie herzlich im Namen des veranstaltenden Komitees für Grundrechte und Demokratie begrüßen! (...) Ich möchte einleitend kurz unser Komitee, das die Tagung veranstaltet, vorstellen, da einige von Ihnen zum ersten Mal an einer Veranstaltung des Grundrechtekomitees teilnehmen. Anschließend möchte ich einen kurzen Überblick zu den Tätigkeiten unseres Komitees im Bereich Strafvollzug geben.

1. Das Komitee für Grundrechte und Demokratie

Das Komitee für Grundrechte und Demokratie wurde 1980 gegründet, um innerhalb der neuen sozialen Bewegungen einen politischen parteiunabhängigen Zusammenhang für die engagierte Verteidigung bedrohter Grundrechte in der Bundesrepublik zu schaffen und um verfassungsstrukturelle und reale Demokratiedefizite einzuklagen. Analyse der politischen Verhältnisse aus dem Blickwinkel der Benachteiligten, Gespür für bedrohte Grund- und Menschenrechte in dieser Republik und engagiertes Eingreifen in das politische Geschehen gehören für uns wesentlich zusammen. Dieses Eingreifen in das politische Geschehen umfasst für uns ein breites Spektrum von öffentlichen Stellungnahmen und Publikationen über Beratungen, Tagungen und Kongressen bis hin zu demonstrativen Aktionen, gegebenenfalls auch verbunden mit Zivilem Ungehorsam. Hinzu kommt die Arbeit an konstruktiven Alternativen zu herrschender Politik und die Erweiterung demokratischer Räume von unten.

Dabei versteht das Komitee die Grund- und Menschenrechte nicht als etwas möglicherweise zu verfassten gesellschaftlichen Zuständen nachträglich Hinzukommendes – etwa nach dem Motto: erst werden Gesetze gezimmert und anschließend folgt die Umweltverträglichkeitsprüfung bzw. hier die Menschenrechtsverträglichkeitsprüfung – so geht es unserer Auffassung nach mit Menschenrechten nicht. Sie müssen von vornherein alle gesellschaftliche Verfasstheiten intensiv als Leitprinzip und als Ziel durchdringen. Sonst geraten die Grund- und Menschenrechte in die Sphäre der Beliebigkeit, die je nach politischer Schönwetterlage von oben herab mal gewährt und mal verweigert werden. Deshalb auch sind die Grund- und Menschenrechte von unten her in die eigene Hand zu nehmen, selbstbewusst zu gestalten und zu verteidigen. Nur beispielhaft seien einige Bereiche unseres komiteelichen Engagements erwähnt.

Asyl und Flucht
Die Situation der Asylsuchenden in diesem Land beschäftigt uns seit Jahren. Besonders intensiv haben wir Anfang der 1990er Jahre gegen die Abschaffung des Asylgrundrechts (Artikel 16 GG) gekämpft. 1994 skandalisierten wir das System der Abschiebehaft mit einer Aktion Zivilen Ungehorsams am Zaun des Abschiebegefängnisses in Worms. Im Protest gegen die Verstümmelung des Asylrechts haben wir nicht nachgelassen, in der Analyse des Lagersystems, der Nach-Außenverlagerung des Menschenrechts auf Asyl in die so genannten sicheren Drittstaaten und Herkunftsländer. Die Abschottung von EU-Europa gegen Flüchtlinge mit der neuen Flüchtlingsabwehr-Armee Frontex lässt die Flüchtlinge nicht erst an unseren Grenzen, sondern schon im Mittelmeer tödlich scheitern. Aktuell arbeiten wir mit einer Petition für die Abschaffung des diskriminierenden und menschenunwürdigen Asylbewerberleistungsgesetzes.

Demonstrationsrecht
Die im Demonstrationsrecht gebündelten Rechte auf Meinungs- und Versammlungsfreiheit versuchen wir immer wieder offensiv zu verteidigen, u.a. durch konkrete Beobachtungen von Demonstrationen, auswertenden Demon-

strationsberichten und -analysen. In einer repräsentativen Demokratie ist das Demonstrationsrecht eine der letzten Möglichkeiten für Bürgerinnen und Bürger, ihre Meinung wirksam in der Öffentlichkeit vorzutragen und entschieden zum Ausdruck zu bringen. Die Einschränkung dieses Grundrechts geht oft schleichend voran, bei polizeilich-repressiven Maßnahmen bestehen immense Spielräume für die Anwendung unkontrollierbarer Unterdrückungsmethoden. Wie im Strafvollzug ist auch das Demonstrationsrecht nun Opfer der Föderalismusreform geworden. Bayern geht als erstes Land darauf aus, ein neues repressives Demonstrationsrecht zu erlassen, andere Länder haben entsprechende Gesetze angekündigt. Hier ist entschiedener Widerstand geboten, gerade auch durch die praktische Inanspruchnahme des Demonstrationsrechts – wie beim G 8-Gipfel 2007, bei der Demonstration vor vier Wochen gegen das letzte Atomwaffenlager in Büchel, wie an diesem Wochenende gegen rechtsradikale Umtriebe in Köln und zeitgleich bei den Demonstrationen gegen die Bundeswehr-Mandatsverlängerung für Afghanistan in Berlin und Stuttgart oder im November wieder beim Castortransport.

Politikbereich der Inneren Sicherheit

Die Innere Sicherheit wird seit 9/11 noch größer geschrieben als je zuvor. Der Sicherheitsstaat benutzt die Terroranschläge, um immer massivere Eingriffe in Bürgerrechte durchzusetzen und präventiv bürgerliche Freiheiten zu begrenzen. Die Ausuferungen im Bereich staatlichen Datensammelns sind hinreichend bekannt. In einem Bereich sind wir aktuell besonders engagiert, nämlich im Kampf gegen den Umbau des Gesundheitswesens zu einem neuartigen Sicherheitssystem. Die elektronischen Gesundheitskarten sind Ausdruck eines Systems, das immer stärker auch im Bereich Gesundheit durch Kontrolle und Überwachung herrschaftlichen Zugriff auf die Bürger erweitern will. Deshalb rufen wir aktuell konkret dazu auf, die Mitwirkung bei der Ausstellung den neuen eGKs zu verweigern.

Friedenspolitik

Den Verschärfungen der Gesetze im Bereich Innerer Sicherheit entspricht im Zeitalter kapitalistischer Globalisierung nach außen hin die Kompetenz-Erweiterung für Bundeswehr und NATO hin zu militärischen Interventionen. Seit dem Angriffskrieg gegen Jugoslawien 1999 sollen wir uns daran gewöhnen, dass Völkerrecht keine Rolle spielt, wenn deutsche Interessen im Irak oder in Afghanistan mit NATO und Bundeswehr kriegerisch verteidigt bzw. durchgesetzt werden. Im Rahmen unserer friedenspolitischen Arbeit setzen wir diesem Bestreben neben friedenspolitischer Analyse und Expertise auch konkreten Protest und Widerstand entgegen. Im Mai diesen Jahres haben wir die Soldaten der Panzerbrigade von Augustdorf im Lipperland dazu aufgerufen, ihre Mitwirkung an der neu aufgestellten „Quick Reaction Force" in Afghanistan zu verweigern. Innere und äußere Sicherheit werden von den Politikern zunehmend als Einheit definiert, grundgesetzliche Schranken zwischen dem Einsatz militärischer und polizeilicher Mittel fallen zusehends. Seit 9/11 ist erstmals ununterbrochen der Bündnisfall der NATO nun im 7. Jahr in Kraft. Bald können Terroristen von außen diktieren, wann sich die Bundesrepublik im Kriegszustand befindet. So forderte z.B. ein Experte bei der Anhörung zum Luftsicherheitsgesetz (das Gesetz, das der Bundeswehr die Abschusserlaubnis für mutmaßlich terroristisch entführte Passagierflugzeuge zubilligte), dass man im Falle terroristischer Angriffe vom Polizeirecht zum Kriegsrecht übergehen sollte, weil man so einfacher von Kollateralschäden sprechen könnte.

Dies alles nur als kurze Schlaglichter auf einige der Bereiche, in denen wir Grundrechtsgefährdungen aufspüren und ihnen zu begegnen versuchen – durch Protest, Widerspruch, Ausbreitung von Alternativen.

2. Komitee-Arbeit im Bereich Strafvollzug

Das Komitee hat seit seiner Gründung einen Schwerpunkt in der Betreuung von Gefangenen. Eigens dafür eingerichtet haben wir die oder den sog. „Gefangenenbeauftragte/n" des Komitees. Über 13 Jahre lang hatte Sonja Vack diese Aufgabe wahrgenommen. Seit Beginn diesen Jahres hat Christian Herrgesell aus Berlin die Gefangenenbetreuung übernommen. Im Rahmen dieser Kontakte mit Gefangenen versuchen wir konkrete Hilfen anzubieten, die sich direkt auf Vollzugsfragen beziehen und die unterhalb anwaltlicher

Bemühungen als lösbar oder zumindest als verhandelbar erscheinen. Neben dieser Arbeit beschäftigt sich das Komitee von Anfang an auch politisch mit den Bereichen Strafrecht und Strafvollzug. Seit Komitee-Gründung arbeitet hierzu eine eigene Projektgruppe. In den 90er Jahren starteten wir – nach ersten Symposien Ende der 80er Jahre – eine Kampagne „Wider die lebenslange Freiheitsstrafe". Zwei sehr ausführliche Expertenanhörungen gestalteten wir in den Jahren 1993 und 1994, zu denen die nach wie vor aktuellen Dokumentationen vorliegen. Auch wenn unsere rationalen Argumente mitunter bis hin zu Politikern Gehör fanden, wurde jede Form der Umsetzung unserer Forderungen strikt abgelehnt. Selbst vonseiten liberaler Politiker/innen war dann hinter vorgehaltener Hand zu hören: ja, aber ein solches Thema können wir doch nicht jetzt in Wahlkampfzeiten angehen – aber Wahlkampfzeiten sind immer irgendwo. Und so scheitern rational vorgetragene Argumente für humanitäre Verbesserungen in den Bereichen Strafvollzug und Strafrecht immer wieder am populistischen Geschrei von Politik und Medien, zuletzt anschaulich vorgeführt am Beispiel Jugendstrafvollzug im hessischen Wahlkampf. Ergänzend zu unserer Arbeit gegen die lebenslange Freiheitsstrafe traten die Ausweitungen der Gesetze zur Sicherungsverwahrung zunehmend in den Blick. Hierzu erschien 2004 unsere Broschüre „Nachträgliche Sicherungsverwahrung. Oder: Wie Freiheit und Integrität der Bürgerinnen und Bürger präventiv/präemptiv zu Tode gesichert werden".

1997 haben wir uns auf einer Tagung intensiv mit den Alternativen zu strafrechtlicher Gewalt auseinandergesetzt. Möglichkeiten der Mediation, der Wiedergutmachung, des außergerichtlichen oder auch gerichtlich begleiteten Täter-Opfer-Ausgleichs, alternative Bewährungsmodelle und andere Möglichkeiten, strafrechtliche Konflikte mit zivileren als strafgewaltigen Mitteln auszutragen, wurden diskutiert. Diese Ideen sind zwar teilweise weit gediehen, aber die realen Umsetzungen, die Zurückdrängung von strafrechtlicher Gewalt zugunsten solcher Alternativen ist weitgehend bloßes Wunschdenken geblieben. Dennoch wird es auch in Zukunft darum gehen müssen, Forderungen in abolitionistischer Richtung zu erheben, auch wenn diese weit hinter wirklichem Abolitionismus, also der Abschaffung der Gefängnisse, zurückbleiben. Das Kriminalistische Journal 1/2008 „Ist das Gefängnis noch zu retten?" hat in dieser Hinsicht viele der auch von uns vertretenen Ansätze von alternativen Forderungen aufgelistet, die dann eher einem gemäßigten Abolitionismus oder Reduktionismus zuzuordnen wären. Hierzu gehören z.B. der sogenannte segmentäre Abolitionismus, der die Abschaffung bestimmter Strafhaftandrohungen fordert (etwa im Jugendstrafrecht, Ausländerstrafrecht, Frauenvollzug), die „Enttotalisierung" der Haftbedingungen in Richtung offenen Vollzug, also eine stärkere Anpassung an die Normalität, oder die zahlenmäßige Reduktion, z.b. die generelle Abschaffung von Ersatzfreiheitsstrafen.

Am Ende der Anhörungen zur Lebenslangen Freiheitsstrafe stand unser Manifest „Wider die lebenslange Freiheitsstrafe". Und nach unserer Tagung zu den Alternativen zu strafrechtlicher Gewalt versuchten wir 1998 erneut mit einem Manifest in die interessierte Öffentlichkeit hinein zu wirken: „Strafrechtliche Gewalt überwinden. Indem Opfern geholfen, Konflikte ausgeglichen und Schäden, soweit irgend möglich, behoben werden". Der Titel des Manifestes gibt zugleich an, in welche Richtung wir die Überwindung strafrechtlicher Gewalt suchen. Aus beiden Manifesten möchte ich abschließend mit einem längeren Zitatauszug unsere Sichtweise zu den generellen Folgen von Gefängnisstrafen darstellen.

„Überlebende Opfer und Angehörige von Opfern mögen es nicht selten als ein Stück gerechten Ausgleichs empfinden, wenn Menschen, die ihnen Leids getan, sichtlich und konsequenzreich bestraft werden. Vielleicht wird zuweilen sogar ein Stück ihrer Integrität wiederhergestellt, wenn ‚der' Staat, also wenn Gerichte sie als Opfer anerkennen und dies zugleich dadurch ausdrücken, dass sie den Täter schuldig erklären und zur Rechenschaft ziehen. Dieser komplizierte Zusammenhang zwischen öffentlicher Anerkennung, Sühne und Opferausgleich darf nicht verkannt werden. Durch ihn wird der staatliche Strafanspruch ein stückweit gerechtfertigt, obwohl derselbe nicht, jedenfalls nichtprimär dem Opferschutz und der Sühne zugunsten der Opfer bzw. ihrer Angehörigen gilt. Die hier entscheidende Frage lautet denn auch: Gäbe es nicht sehr viel bessere und nachhaltigere Formen der Anerkennung des Opfers und/oder seiner Angehörigen als die staatliche Strafform? Wir sind davon überzeugt, dass diese Frage mit einem „Ja" beantwortet werden kann und muss. Dass Opfer und/oder deren Angehörige die Anerkennung über die staatliche Strafgewalt suchen, hängt vor allem damit zusammen, dass staatliche Strafgewalt die primäre öffentliche Form darstellt, mit Straffälligen zu verfahren; dass also andere Formen öffentlicher Anerkennung, gar öffentlichen Umgangs und öffentlicher Hilfe für die Opfer und ihre Angehörigen nicht vorhanden sind. Gäbe es andere Formen, die auch die Opfer und ihre Angehörigen anders und nachhaltig ernst nähmen – statt diese nur als Nebenkläger im Strafverfahren zu gebrauchen –, dann würde die staatliche Strafform jedenfalls aus Opferperspektive nicht mehr notwendig und also nicht mehr zu rechtfertigen sein.

Die staatliche Strafgewalt in Form der Freiheitsstrafe in der totalen Institution Haftanstalt hat nur eine eindeutige und klare Folge. Sie verletzt Würde und Integrität der Verurteilten und dementsprechend Eingekerkerten. Die desozialisierende Funktion des Gefängnisses und die persönlichkeitsschädigenden Folgen von Haft hat das Komitee in dem Manifest ‚Die Abschaffung der lebenslangen Freiheitsstrafe und die Zurückdrängung der zeitigen Freiheitsstrafen – Auf dem Wege zu gewaltfreien Konfliktlösungen' (Köln, 1994) dargelegt." In diesem Manifest heißt es weiter:

„Der Mensch ist physisch und psychisch darauf angewiesen, in einer vielfältigen Wirklichkeit zu leben. Nur im ständigen Austausch mit anderen Personen, nur wenn er frei ist, so oder anders zu handeln, kann er sich erfahren, bestätigen, in Frage stellen und entwickeln. Die zeitige, aber erst recht die lebenslange Gefängnisstrafe greift in Grundrechte tief ein, ja schneidet sie ab. Das Gefängnis ist eine künstliche soziale Welt. Diese ‚Welt' besteht aus Zellen und Sicherheitsvorkehrungen. Das Gefängnis reduziert den alltäglichen Umgang auf die Zwangsgemeinschaft der Gefangenen und das mit der Strafvollstreckung und Überwachung beauftragte Personal. Die totale Institution Haftanstalt ist asozial. Sie ist darauf angelegt, ‚normale' psychische Bedürfnisse und ‚normales' Verhalten zu zerstören. In dieser Institution können keine Erfahrungen mit den Anforderungen eines eigenverantwortlichen Lebens nach der Entlassung gemacht werden. Die Gefangenen können zu den im Strafvollzug beschäftigten Bediensteten, Sozialarbeitern oder Psychologen kaum Vertrauen gewinnen. Denn sie unterstehen ihrer Kontrolle. Sie sind ihren Entscheidungen ausgeliefert. Sie müssen damit rechnen, dass alles, was sie ihnen anvertrauen, gegen sie verwendet werden kann, z.B. in Stellungnahmen und Gutachten, die die Entscheidung über den Termin ihrer

Entlassung beeinflussen.

Das Zusammensein mit Angehörigen wird auf wenige Stunden Besuch im Monat reduziert. Es unterliegt verschiedenen Formen von Überwachung. Die Gefangenen leiden wie ihre Lebenspartner/innen unter dem Entzug von Intimität und Zärtlichkeit. Die Angehörigen von Gefangenen fallen meistens materieller Not und sozialer Diskriminierung anheim oder sind von ihnen bedroht. Sie sind mitbestraft. Sie leiden unter der Abwesenheit und dem Eingesperrtsein der ihnen nahestehenden Gefangenen. Unter diesen Belastungen zerbrechen viele Ehen und Freundschaften. Damit wird für viele Langzeitgefangene die letzte Verbindung zur Außenwelt zerstört.

Das Strafvollzugsgesetz regelt mit einer Fülle von weit auslegbaren Kann-Bestimmungen wie mit den existentiellen Bedürfnissen der Gefangenen verfahren wird. Aufgrund des steilen Machtgefälles zwischen den Gefangenen und den Bediensteten wird unvermeidlich willkürlich entschieden. Die mögliche (Nicht-)Gewährung von längeren Besuchen, von Ausgang und Urlaub aus der Haftanstalt wird dazu missbraucht, die Gefangenen zusätzlich zu disziplinieren. Die Ungewissheit des Entlassungszeitpunktes (nach der Hälfte, Zweidritteln oder voller Verbüßung der Strafe, bei den Lebenslänglichen nach 15 Jahren, später oder nie) und ihre außergewöhnliche Abhängigkeit vom Wohlwollen der Vollzugsbehörde setzt die Gefangenen einem zusätzlichen Anpassungsdruck aus.

‚Behandlung' im Strafvollzug erschöpft sich darin, die Gefangenen der Anstaltsordnung und der Zwangsarbeit zu unterwerfen. Die geringe Bezahlung der Zwangsarbeit entwertet die Arbeit und die Person des Gefangenen zusätzlich. Reformen können zwar die Situation der Gefangenen im einzelnen verbessern, aber die durch die Haft verursachten Schädigungen nicht verhindern. Den grundsätzlich desozialisierenden Charakter des Gefängnisses kann keine Reform aufheben. Alles geschönte Reden von ‚Behandlung' oder ‚Resozialisierung' erscheint zynisch in Anbetracht dessen, dass zwangsbehandelt, desozialisiert und Schaden zugefügt wird.

Lang dauernde Gefängnisstrafen widersprechen dem Recht auf körperliche Unversehrtheit und der freien Entfaltung der Persönlichkeit. Der Mensch, ummauert, wird zum Gefängnismenschen. Das Gefängnis beschädigt, ja vernichtet psychische, soziale und wirtschaftliche Existenz. Der vom Bundesverfassungsgericht so hoch angesetzte Wert des menschlichen Lebens erschöpft sich für Langzeitgefangene oft genug darin, ihre physische Existenz zu erhalten. Selbst diese wird erheblich geschädigt."

Soweit unsere seinerzeitige Analyse der gravierendsten Folgen von Strafhaft. Unsere Tagung nun soll dazu dienen, konkreter einzelne Bereiche und die politischen Bedingungen aktueller Strafvollzugspraxis zu beleuchten. Ich wünsche uns allen anregende Einsichten und wertvolle Diskussionen mit möglichst praktischen Folgen für unser Engagement zur Veränderung von Haftbedingungen, für die „Entknastung" unserer Gesellschaft – um der betroffenen Menschen und um unser aller willen.

Haftbedingungen 2008:
Politische, rechtliche und empirische Grundlagen
– Entwicklungen in Strafrecht, Kriminalpolitik und Justizvollzug –

Helmut Pollähne

A. Einleitung

„Ist das Gefängnis noch zu retten?" titelte Anfang des Jahres das *Kriminologische Journal* und ließ – parallel zu einer im Internet geführten Debatte von Alt-Abolitionisten – einige Stimmen zu Wort kommen zum Knast und zu dessen Alternativen „zwischen Alibi, Reformpolitik und realem Abolitionismus" (so eine der Stimmen: *Cornel* 2008).

Ist das Gefängnis in Gefahr? War es jemals in Gefahr? ... dürfte die ebenso gelassene Antwort der für das Knastsystem Verantwortlichen wie die resignative Gegenfrage seiner Gegner lauten. Sollte das Gefängnis als sog. „ultima ratio" – und doch zugleich immer „ultima irratio" – des Kriminaljustizsystems politisch jemals auch nur in die Nähe einer existentiellen Gefahr geraten sein, dann allenfalls in den 70er und 80er Jahren des letzten Jahrhunderts, als Utopien einer gefängnislosen Gesellschaft die Runde machten und mit konkreten Vorschlägen für „negative" Reformen Einzug in kriminalpolitische Programme hielten (vgl. *Papendorf u.a.* 1993, *Feest/Paul* 2008). An realpolitischer Parteiprogrammatik ging diese Entwicklung allerdings vorbei: Übrig blieben, wenn überhaupt, so genannte „positive" Reformen und systemimmanente „Alternativen", die die Knäste – nur vorübergehend und nur ein wenig – leerten, das Sanktionsspektrum aber sowohl im ambulanten wie im stationären Sektor ausweiteten. Wenn eine Referendarin heute wagt, noch dazu in öffentlicher Verhandlung, den Sinn und Zweck der Gefängnisstrafe in Frage zu stellen, so muss sie „den Kopf einziehen" (*Wetterwachs* 2008). All das soll hier jedoch nur ansatzweise zur Sprache kommen (vgl. auch *Komitee* 1998), wenn es darum geht, die Entwicklungen des Knastsystems und der Gefängnispolitik der letzten Jahre und Jahrzehnte nach- und die Konturen des Ist-Zustandes aufzuzeichnen (vgl. auch *DAH* 2008).

Wenn im Zentrum dieser Tagung die Haftbedingungen in Deutschland im Mittelpunkt des Interesses stehen, in struktureller Hinsicht, was die aktuelle Gefängnispolitik betrifft, in konkreter Hinsicht, was die Knastrealität betrifft, und schließlich in spezieller Hinsicht, was bestimmte Sonderhaftbedingungen betrifft, so geht es hier um die normativen und empirischen Grundlagen und um Basisdaten. Die juristischen und rechtspolitischen Rahmenbedingungen werden inventarisiert und die strafjustiziellen Statistiken bilanziert, soweit aktuell vorrätig und im vorliegenden Kontext von Belang.

B. Haftbedingungen 2008

Wenn in den bereits bemühten 70er und 80er Jahren des letzten Jahrhunderts „Haftbedingungen" thematisiert wurden, dann ging es meist um jene politischer Gefangener, zunächst in Untersuchungshaft, später auch im Vollzug in der Regel lebenslanger Freiheitsstrafen unter Sonderhaftbedingungen, in Hochsicherheitstrakten mit Isolationshaft (exempl. *Rote Hilfe* 1996). In einer der ersten Publikationen des Komitees vor gut 25 Jahren zum Thema „Haftbedingungen in der BRD" ging es weniger darum als vielmehr um ehedem aktuelle Tendenzen und Probleme des Behandlungsvollzugs und der Sozialarbeit im Knast (*Komitee* 1982), aus heutiger Sicht fast ‚Luxusprobleme'. Wenn wir hier und heute von den Haftbedingungen im so genannten Normalvollzug sprechen, dann nicht nur deshalb, weil die Sonderhaftbedingungen politischer Gefangener (fast) Geschichte sind, sondern weil die Probleme des Lebens und Überlebens im Knast (*Feest* 2008a, *Becker* 2008, *DAH* 2008, 98 ff.) alle realen und vermeintlichen Reformen überdauert haben, bisweilen in Vergessenheit geraten sind oder dorthin gedrängt wurden.

Es mag als juristische Unsitte erscheinen, aber es ist sachgerecht und notwendig, den Begriff der Haftbedingungen zu definieren oder zumindest zu konkretisieren, und sei es nur, um ihn als Arbeitsbegriff dieser Anhörung zugrunde zu legen und damit zur Diskussion zu stellen. Hierbei wird auf internationale, insbesondere europarechtliche Vorgaben zurückgegriffen.

Zunächst einmal zum Begriff der Haft: Das CPT (Committee for the Prevention of Torture and inhuman or degrading treatment, das sog. ‚Antifolterkomitee' des Europarates) spricht – in seinen amtlichen deutschen Übersetzungen – von „Haftorten" (*CPT* 2006, *Pollähne* 2007b und *Feest* 2007a), und dies wird bisweilen missverstanden. Gemeint sind dort alle Orte, an denen im Sinne der Artikel 3 und 5 der Europäischen Menschenrechtskonvention die Freiheit entzogen wird, also über den kriminalrechtlichen und strafjustiziellen Freiheitsentzug hinaus, der hier im Mittelpunkt steht, auch der polizeiliche Gewahrsam, die Zwangsunterbringung in der Psychiatrie, das Festhalten in Altersheimen, die geschlossene Unterbringung in Jugendheimen, die Abschiebungshaft etc. Dass wir hier und heute all diese Haftorte nicht auch noch thematisieren, obwohl doch gerade in Psychiatrie und Altersheimen die weitaus meisten Freiheitsentziehungen stattfinden, was gerne übersehen wird, soll keineswegs bedeuten, die Unterbringungsbedingungen an diesen „Orten der Freiheitsentziehung" seien weniger problematisch oder diskussionswürdig, ganz im Gegenteil. Es würde nur schlicht den Rahmen dieser Tagung sprengen (empfohlen zur Lektüre der vom Deutschen Institut für Menschenrechte 2007 in Berlin herausgegebene Band „Prävention von Folter und Misshandlung in Deutschland": *DIMR* 2007).

Beschränken wir uns also auf die Orte der Freiheitsentziehung im Kriminaljustizsystem, die mit „Gefängnis" und „Haft" – bei einigen Unschärfen – hinreichend adäquat bezeichnet sind: Untersuchungs- und Strafhaft, für Erwachsene wie für Jugendliche und Heranwachsende, für Frauen und Männer, für kürzere oder längere Zeiten, in einigen Fällen für den Rest des Lebens. Von letzterem nur begrifflich unterschieden, praktisch aber kaum und deshalb ebenfalls Thema: die Sicherungsverwahrung.

Ausgeklammert aus dem strafrechtlichen Spektrum der Freiheitsentziehungen werden hier – ebenfalls zur Reduktion von Komplexität – insbesondere die freiheitsentziehenden Maßregeln der Besserung und Sicherung gemäß §§ 63 und 64 des Strafgesetzbuches, also Unterbringungen in der forensischen Psychiatrie und in sog. Entziehungsanstalten, sowie die Formen des

Arrests, sei es nach Jugend- oder Wehrstrafrecht. Ihnen allen gemeinsam ist die Gefangenschaft aus Anlass einer Straftat, sei es wegen eines dringenden Tatverdachts, sei es zur Vollstreckung einer rechtskräftig verhängten Strafe oder Maßregel.

Von den menschlichen Lebens- und Überlebensbedingungen an solchen Haftorten zu sprechen, erfasst den Begriff der Haftbedingungen noch nicht hinlänglich, soll aber Bezug nehmen auf den bereits erwähnten Art. 3 EMRK, der über das Folterverbot im engeren Sinne hinaus alle Formen der „unmenschlichen oder erniedrigenden Strafe oder Behandlung" an solchen Orten verbietet (ausf. *Feest* 2006 und 2007).

Es darf aber nicht nur die Rede sein von den Bedingungen des Lebens in Haft, also hinter Mauern, sondern in einem umfassenden Sinn auch von den Bedingungen der jeweiligen Haftform, von den besonderen Bedingungen der Untersuchungshaft etwa, oder von den unterschiedlichen Bedingungen, unter denen der jeweilige ‚Normalvollzug' stattfindet, zwischen offenem Vollzug und Absonderung, zwischen Wohngruppe und 23-stündigem Einzeleinschluss etc. ... Warum gerade hier (in Deutschland) und heute (im Jahre 2008), darauf wird am Ende des Beitrages zurückzukommen sein; vorher gilt es, die politischen, rechtlichen und empirischen Rahmenbedingungen auszuleuchten, und zwar jeweils in den Feldern Strafrecht (C.), Kriminalpolitik (D.) und Justizvollzug (E.).

C. Strafrecht: Stand und Entwicklung

Die kriminalrechtlichen und strafjustiziellen Freiheitsentziehungen nach geltendem Recht finden ihre gesetzlichen Grundlagen – was Verhängung und Vollstreckung betrifft (zum Vollzug s.u. E.) – im Strafgesetzbuch, in der Strafprozessordnung und im Jugendgerichtsgesetz.

1. Die Untersuchungshaft kann verhängt werden bei dringendem Tatverdacht und bei Vorliegen einer der gesetzlichen Haftgründe, also der Flucht-, der Verdunklungs- oder (bei bestimmten Delikten) der Wiederholungsgefahr. Praktisch im Vordergrund steht die Anordnung der Untersuchungshaft wegen

Fluchtgefahr, und doch muss sogleich hinzugefügt werden, dass daneben eine Reihe sogenannter „apokrypher", also vom Gesetz so eigentlich nicht vorgesehener Haftgründe existieren (dazu *Schlothauer/Weider* 2000, 261 ff.).

Untersuchungshaft soll nur angeordnet werden, wenn sie zur Anlasstat und der ggf. zu erwartenden Strafe nicht außer Verhältnis steht; ihre Vollziehung soll ausgesetzt werden, wenn auch durch anderweitige Maßnahmen gewährleistet werden kann, dass der Zweck der Untersuchungshaft erreicht wird. Über allem schwebt die Unschuldsvermutung, so wie sie in Art. 6 Abs. 2 EMRK ihren Ausdruck gefunden hat und beständig gegen die Legitimität der Untersuchungshaft streitet. Des Weiteren gilt das Beschleunigungsprinzip, so wie es insb. in der Höchstfristregelung deutlich wird, wonach diese Haft über 6 Monate hinaus nur ausnahmsweise und bei Vorliegen besonderer Gründe andauern darf. Und trotz alledem steht nach wie vor der Vorwurf im Raum, in Deutschland werde zu schnell und zu lange verhaftet, auch wenn die Zahlen der Untersuchungshäftlinge rückläufig sind (s.u. E. 2.).

2. Das allgemeine Strafrecht kennt zwei sogenannte Hauptstrafen, die Geld- und die Freiheitsstrafe, wobei die Freiheitsstrafe – wie bereits erwähnt – als sogenannte „ultima ratio" gilt, dazu gleich mehr. Neben diesen beiden Hauptstrafen existiert noch das Fahrverbot als Nebenstrafe, während die Einführung einer sogenannten Vermögensstrafe zunächst am Bundesverfassungsgericht scheiterte. Daneben rangieren die ebenfalls bereits erwähnten „Maßregeln der Besserung und Sicherung" als sog. 2. Spur des Rechtsfolgensystems.

Wer sich die Straftatbestände des Haupt- und Nebenstrafrechts näher ansieht – ersteres im Strafgesetzbuch geregelt, letzteres in solchen Gesetzen wie z. B. dem Waffen- oder dem Betäubungsmittelgesetz – der wird sehen, dass durchgängig Freiheitsstrafe angedroht wird, mal mehr, mal weniger (dann neben Geldstrafe), aber immer als vermeintliche „ultima ratio": egal ob es um Mord geht oder um Beleidigung, um Ladendiebstahl oder bewaffneten Bankraub, um Vergewaltigung oder Fahren ohne Fahrerlaubnis, um Cannabiskonsum oder Brandstiftung etc. Um was es auch geht, es wird zumindest auch Freiheitsstrafe angedroht – oder umgekehrt formuliert: Geldstrafe ist nur ausnahmsweise die Alternative dazu. Damit ist Freiheitsstrafe die Hauptstrafe, auch wenn sie in einigen Fällen durch Geldstrafe ersetzt werden kann und real auch in vielen Fällen ersetzt wird. Davon zu trennen ist die Frage, ob die Freiheitsstrafe vollstreckt werden muss – auch dazu gleich mehr.

Das Reden von der Freiheitsstrafe, also von der Bestrafung durch Einschließung, als „ultima ratio" der Kriminalpolitik, ist also zumindest doppeldeutig: Es bezeichnet nicht nur die ultimative Rationalität des Strafsystems – wie wir noch sehen werden, ist die Verhängung, gar die Vollstreckung der Freiheitsstrafe im Gesamtspektrum der kriminaljustiziellen Reaktionen auf Straftaten im Einzelfall eher die Ausnahme, und doch ist die Freiheitsstrafe im kriminalpolitischen Sanktionssystem die ultimative Regel. Nach Abschaffung der Todesstrafe im Jahre 1949 (vgl. Art. 102 des Grundgesetzes) und der darin zum Ausdruck gebrachten Unantastbarkeit des Lebens (von der Vollverbüßung der lebenslangen Freiheitsstrafe einmal abgesehen, vgl. *Fiedeler* 2005) ist die Entziehung der Freiheit der Inbegriff staatlichen Strafens. Ob sich der Vollzug dieser Strafe als Zufügung eines Übels in diesem Entzug der Freiheit erschöpft, oder ob sich Aspekte der Haftbedingungen als Fortsetzung von (insb. seelischen) Körperstrafen mit anderen Mitteln begreifen lassen, das wird im Laufe der Tagung zu thematisieren sein.

Ein vorerst Letztes zur Freiheitsstrafe: Sie kann verhängt, und muss doch nicht zwingend auch vollstreckt werden, insbesondere wenn die gesetzlichen Voraussetzungen einer Aussetzung zur Bewährung vorliegen. Die Verhängung einer Bewährungsstrafe wird in der Öffentlichkeit oft missverstanden als „Nonintervention", als würde der Betroffene „ungeschoren" (es lohnt sich, über diesen Begriff nachzudenken!) davonkommen. Dies kann hier nicht vertieft werden, aber neben der Verhängung von Auflagen und Weisungen muss der Verurteilte im Falle von Verstößen über Jahre hinweg jederzeit mit dem Widerruf der Bewährung und der nachfolgenden Vollstreckung der Freiheitsstrafe rechnen; Ähnliches gilt für die sog. Reststrafenaussetzung (vgl. *Meier* 2006).

Schließlich darf nicht unerwähnt bleiben, dass bei sog. Uneinbringlichkeit der Geldstrafe die Ersatzfreiheitsstrafe in Betracht kommt, wovon offenbar wieder verstärkt Anwendung gemacht wird (vgl. dazu *Matt* 2005).

3. Im Jugendstrafrecht spielt die Geldstrafe nur eine geringe Rolle, stattdessen gibt es unterhalb der Jugendstrafe ein ausdifferenziertes Instrumentarium von erzieherisch intendierten oder jedenfalls etikettierten Maßnahmen. Demgegenüber ist die Freiheitsstrafe im Jugendstrafrecht, verharmlosend „Jugendstrafe" genannt, offiziell die einzige echte Strafe (sieht man einmal von dem Jugendarrest ab, der auch anno 2008 immer noch – jedenfalls in den alten Bundesländern – als sog. „Zuchtmittel" daherkommt). Trotz aller Verbrämungen des Jugendstrafvollzuges als erzieherische Veranstaltung kann nichts darüber hinwegtäuschen, dass auch hier Freiheitsstrafe vollstreckt wird, insoweit gilt das zum allgemeinen Strafrecht Gesagte entsprechend. Dass es im Hinblick auf die Anordnungsvoraussetzungen (insb. die anmaßende Zuschreibung sog. „schädlicher Neigungen") sowie Strafzumessung und Höchstdauer Sonderregelungen gibt, bedarf hier keiner Erörterung (vgl. *Albrecht* 2000, 243 ff.): Auch die Haftbedingungen Jugendlicher und Heranwachsender sind zunächst einmal durch den Entzug ihrer Freiheit bestimmt.

4. Die Sicherungsverwahrung in der gebotenen Kürze darzustellen, ist in Anbetracht der Komplexität ihrer strafgesetzlichen Ausgestaltung schwierig: Es handelt sich um eine sog. Maßregel der Besserung und Sicherung, die im Anschluss an eine vollständig verbüßte längere Freiheitsstrafe vollstreckt werden kann, wenn dies wegen einer vermuteten hohen Rückfallgefahr im Ausgangsverfahren oder nachträglich richterlich angeordnet wurde. Die Sicherungsverwahrung ist von unbestimmter Dauer, kann auf 10 Jahre befristet sein, läuft in den meisten Fällen aber unbefristet, wobei ein Gericht alle zwei Jahre überprüft, ob die sichere Verwahrung fortdauern soll. Neben der lebenslangen Freiheitsstrafe und der ebenfalls unbefristeten Zwangsunterbringung in der forensischen Psychiatrie ist die Sicherungsverwahrung zweifellos der massivste Angriff auf die Grund- und Menschenrechte, der in diesem Rechtsstaat gesetzlich legitimiert wurde (ausf. *Pollähne* 2008a).

D. Kriminalpolitik: Stand und Entwicklungen

1. Dass offizielle Kriminalpolitik auf Freiheitsstrafe setzt, galt längst, als es den Begriff „Kriminalpolitik" noch gar nicht gab, und als auch die Todesstrafe noch relativ unangefochten als „ultima ratio" galt. Die historisch überholte Unterscheidung zwischen Gefängnis- und Zuchthausstrafe bedarf hier keiner Vertiefung (vgl. auch *Britz* 2001 und *Becker* 2008, 25 ff.). Wie bereits gesehen setzt das Strafrecht immer – zumindest auch – auf das Gefängnis als Art und Ort der Bestrafung. Und wo und wann auch immer die Kriminalpolitik weiterhin und in letzter Zeit wieder verstärkt auf das Strafrecht als Mittel der realpolitischen Intervention setzt (vgl. *Pollähne* 2005), erfährt das Gefängnis beständig eine Bekräftigung und Verstetigung.

Zeiten der Entkriminalisierung – in welcher Form auch immer – sind bekanntlich Geschichte (vgl. nur *Frommel* 2008), sieht man einmal von der faktischen Entkriminalisierung bestimmter Taten und Täter ab (aus aktuellem Anlass und absichtsvoll plakativ: den Bankräuber hängt man, den Bankmanager lässt man laufen). Spätestens seit den 90er Jahren setzt die Kriminalpolitik großer Koalitionen auf Bundes- und Landesebene wieder auf Kriminalisierung, so wie dies seinen deutlichsten Ausdruck wohl im 6. Strafrechtsreformgesetz von 1998 fand, als unter der verharmlosenden Losung einer „Harmonisierung von Strafrahmen" auf breiter Front eine Ausweitung von Straftatbeständen und Anhebung von Mindest- und Höchststrafen stattfand. Zeitgleich wurden mit dem „Gesetz zur Bekämpfung von Sexualdelikten und anderen gefährlichen Straftaten" die Voraussetzungen der Strafrestaussetzung verschärft und kontinuierliche Ausweitungen der Sicherungsverwahrung eingeleitet (dazu *Pollähne* 1999 und 2008a).

Der allgemeine Trend hat sich in den letzten 10 Jahren fortgesetzt, jüngste Beispiele sind etwa die Verdreifachung der Strafandrohung für den Verstoß gegen Weisungen in der Führungsaufsicht (*Pollähne* 2008b) und die Einführung des Stalking-Straftatbestandes im Jahre 2007, erneute Verschärfungen des Sexualstrafrechts sind Ende 2008 in Kraft getreten. Ernsthafte Vorstöße zur Zurückdrängung der Freiheitsstrafe in Anordnung und Vollstreckung sind derzeit nicht zu erkennen, ganz im Gegenteil: Das Setzen auf

Strafrecht (und damit auf die Freiheitsstrafe, was bisweilen wohl vergessen wird) gilt quer durch alle Parteien offenbar als Mittel der Wahl zur Lösung der jeweils als vordringlich bewerteten politischen Probleme (vgl. bereits *Scheerer* 1986).

2. Für das Jugendstrafrecht gilt im Prinzip nichts anderes: Es „profitiert" gleichermaßen von den Reformen des allgemeinen Strafrechts in puncto Kriminalisierung. Ansätze zur weiteren Zurückdrängung der Jugendstrafe zugunsten weniger eingriffsintensiver Strafrechtsfolgen sind auch hier nicht zu erkennen – im Gegenteil: Es scheint nur noch eine Frage der Zeit, bis die notorische Forderung nach Herabsetzung der Strafmündigkeit auf 12 Jahre und Unterwerfung der Heranwachsenden unter das allgemeine Strafrecht Früchte trägt; Ähnliches gilt für die Heraufsetzung der Höchstgrenze der Jugendstrafe auf 15 Jahre (vgl. *Momsen* 2005). Den Tabubruch einer Einführung der Sicherungsverwahrung ins Jugendstrafrecht (*Komitee* 2008, vgl. *Hackbarth* 2009 und *Graebsch* 2008b) hat man bekanntlich auch nicht gescheut ...

3. Im Bereich der Untersuchungshaft gab es lange Zeit kriminalpolitisch nichts zu vermelden, außer vielleicht, dass diverse Forderungen und Vorschläge zur Reform – insbesondere unter dem bereits erwähnten Verdikt, in Deutschland würde zu schnell und zu lange verhaftet – unerhört verhallten. Bemerkenswert allenfalls, dass der von Anfang an (also seit 1969) heftig umstrittene Haftgrund der Wiederholungsgefahr (eigentlich ein Kuckucksei des Polizeirechts im Nest des Strafprozessrechts) im Zusammenhang mit der Einführung des Stalking-Straftatbestandes (s.o.) ausgeweitet wurde.

In der Folge der Vergesetzlichung des Jugendstrafvollzuges, von der noch zu reden sein wird, steht nun allerdings – endlich nach mehr als 30 rechtsstaatlich skandalösen Jahren – auch die gesetzliche Regelung des Untersuchungshaftvollzuges an, freilich in Folge der Föderalisierung des Vollzugsrechts auf der Basis von Landesgesetzen (zur Kritik exempl. *Piel u.a.* 2009). Während die Bundesländer bereits an entsprechenden Gesetzen arbeiten, hat die Bundesregierung den Entwurf für ein Gesetz zur Überarbeitung des Untersuchungshaftrechts vorgelegt, der recht beachtlich ist, auch weil er

Empfehlungen des CPT und des Europäischen Gerichtshofs für Menschenrechte aufgreift, die eine Verbesserung der gesetzlichen Vorgaben für die Belehrung bei Festnahme und die Akteneinsicht bei Untersuchungshaft gefordert haben. Dies ist nicht der Ort, den vorliegenden Entwurf en detail zu diskutieren, das meiste ist ohnehin die Festschreibung des Status quo und wird an den speziellen Problemen des Untersuchungshaftvollzuges (exempl. *Missoni/Konrad* 2008 und *Eidam* 2008) wenig ändern (vgl. *Feest/Pollähne* 2009).

4. Das bemerkenswerteste Charakteristikum der offiziellen Kriminalpolitik der letzten 10 Jahre ist allerdings – wie bereits angedeutet – die atemberaubende Renaissance der Sicherungsverwahrung (vgl. bereits *Pollähne* 1999): War sie bis Mitte der 90er Jahre eigentlich kein Thema (sieht man einmal von einer nachträglichen Korrektur des sog. Einigungsvertrages ab) und waren die Zahlen von Anordnung und Vollziehung der Sicherungsverwahrung „im Keller", so ist das gesetzliche Instrumentarium seit 1998 sechs Mal ausgeweitet worden, die letzte Änderung ist noch kein Jahr alt, die nächsten Ausweitungen stehen bereits zur Debatte (vgl. auch *Bartsch/Kreuzer* 2009). Zum Symbol dieser (keinesfalls nur ‚symbolischen') Kriminalpolitik, die damit vollends zur Sicherheitspolitik degradiert wurde, ist insbesondere die nachträgliche Sicherungsverwahrung avanciert (*Pollähne* 2008a).

E. Justizvollzug: Stand und Entwicklungen

Hiermit komme ich zum letzten Schwerpunkt dieser vor die Klammer gezogenen Anmerkungen zu den normativen, politischen und empirischen Grundlagen der Haftbedingungen, nämlich zu dem sog. Justizvollzug. Auch hier zunächst noch einige kurze Anmerkungen zur Rechtslage, bevor insbesondere einige aktuelle Zahlen zum Vollzug von Strafe, Untersuchungshaft und Sicherungsverwahrung präsentiert werden.

1. Der allgemeine Strafvollzug war seit 1977 in einem bundesweit einheitlich geltenden Strafvollzugsgesetz geregelt, nachdem das Bundesverfassungs-

gericht 1972 mit der juristischen Kunstfigur des „besonderen Gewaltverhältnisses" aufgeräumt hatte, mit der der parlamentarische Gesetzesvorbehalt für die Einschränkung von Grundrechten jahrzehntelang umgangen worden war (dazu *Günther* 2000). Dass die realen Verhältnisse in den Gefängnissen, die Haftbedingungen also, mit „besonderen Gewaltverhältnissen" recht treffend beschrieben waren – und möglicherweise noch sind (vgl. dazu die Beiträge in dieser Dokumentation) – das steht auf einem anderen Blatt.

Nach der Föderalismusreform sind die Tage dieses Bundesgesetzes gezählt, in Bayern, Hamburg und Niedersachsen sind bereits Landesstrafvollzugsgesetze in Kraft getreten (dazu *Herrfahrdt* 2008, *Paeffgen* 2009, *Feest* 2008a, *Rehn* 2008). Damit wird ein Weg konsequent weitergeführt, der schon in den letzten Jahren unterhalb des Bundesgesetzes zu immer mehr landesspezifischen Regelungen führte. Was eine Freiheitsstrafe konkret bedeutet, wird in Zukunft noch mehr davon abhängen, wo sie vollzogen wird (*Köhne* 2008) – der Bundesgesetzgeber wäre gut beraten, wenigstens die mit dem Vollzug der Freiheitsstrafe verfolgten Ziele zu bestimmen und vor allem zu begrenzen (dazu u.a. *Köhne* 2007). Für die Sicherungsverwahrung gilt im Prinzip dasselbe, für die Untersuchungshaft ist dies in dem erwähnten Bundesentwurf ansatzweise gelungen, wird von den Ländern aber absehbar verwässert. Ob § 2 Abs. 1 der Neufassung des Jugendgerichtsgesetzes vom 1.1.2008 halten kann, was sich das BMJ davon versprochen haben mag, steht dahin (vgl. *Goerdeler/Pollähne* 2007, 62).

Parallel zu dieser Entwicklung, mit der der Bund die Verantwortung für das Justizvollzugsrecht mehr und mehr (und damit für den Justizvollzug selbst endgültig) aus der Hand und an die Länder übergibt, greift eine andere Entwicklung um sich, mit der der Staat die Verantwortung für die Durchführung des Justizvollzugs mehr und mehr betriebs- und sogar privatwirtschaftlich wahrnimmt – auch wer dem staatlichen Gewaltmonopol mit guten Gründen kritisch gegenüber steht, wird eine solche Entwicklung nicht gutheißen können, selbst wenn sie in Deutschland erst in den Anfängen steckt und womöglich auch steckenbleibt: Die Wahrung der Grund- und Menschenrechte im Freiheitsentzug dem kommerziellen Kalkül zu unterwerfen, ist demokratisch und rechtsstaatlich inakzeptabel (ausf. dazu am Beispiel der Psychiatrie *Pollähne* 2008c).

Das Strafvollzugsgesetz stellte bisher als vorrangiges Vollzugsziel die sog. „Resozialisierung" (Wiedereingliederung, Rehabilitation ...) in den Vordergrund, daneben rangierte der Schutz der Allgemeinheit als sekundäre Vollzugsaufgabe. Der jahrelange Streit um diese Ziel- und Aufgabenbestimmung dürfte mit der Landesgesetzgebung – die ersten Gesetze lassen dies bereits erkennen – in Richtung des Schutzauftrages aufgelöst werden (s.o.). Die Debatte darüber ist keineswegs nur akademisch, symbolisch oder gar müßig: Nicht zuletzt auf dem Feld der sog. „Vollzugslockerungen" (also Ausgang, Freigang, Urlaub etc.) bis hin zum offenen Vollzug war schon in den letzten Jahren in allen Bundesländern ein stetiger Trend zu mehr Restriktion zu erkennen, der als „Angriff auf die Lockerungen" skandalisiert worden ist (*Feest/Lesting* 2005). Diese Entwicklung setzt sich fort in einem fatalen Wechselspiel mit dem zunehmenden Trend zur Endstrafe (s.u. 2.).

Neben dem Vollzugsziel hatte das Strafvollzugsgesetz – es sei erlaubt, insofern schon mal in der Vergangenheitsform zu reden – drei Gestaltungsgrundsätze benannt:

- den Grundsatz der Angleichung des Lebens im Vollzug an die allgemeinen Lebensverhältnisse,

- den Grundsatz, schädlichen Folgen des Freiheitsentzuges entgegenzuwirken,

- den Grundsatz, den Vollzug darauf auszurichten, dass er dem Gefangenen helfe, sich in das Leben in Freiheit (wieder) einzugliedern.

Bereits erwähnt wurde das Prinzip, dass sich der Strafcharakter der Freiheitsstrafe, die sogenannte Übelszufügung, im Entzug der Freiheit (im Sinne der sog. Fortbewegungsfreiheit) zu erschöpfen hat, also in legalisierter Freiheitsberaubung. Der Bundesgesetzgeber hat anerkannt, dass diese Strafe „schädliche Folgen" hat, die über den bloßen befristeten Freiheitsentzug (von der lebenslangen Freiheitsstrafe und der unbefristeten Sicherungsverwahrung einmal abgesehen) hinausgehen, und er hat deshalb den Gefängnissen aufgetragen, diesen Schäden entgegenzuwirken – alles andere liefe auf eine Legitimierung verkappter Körperstrafen hinaus.

Die genannten Grundsätze werden auch unter dem Stichwort „Normalisierung" thematisiert, wobei es darum geht, die schädlichen Folgen der „totalen Institution" auf ein Minimum zu reduzieren (dazu *Lesting* 1988, vgl. auch *Feest* 2007b). Jenseits des Freiheitsentzuges soll die Exklusion aus der Gesellschaft, aus den sozialen und privaten Bezügen etc. weitgehend vermieden bzw. ihr entgegengesteuert werden (dazu der Beitrag von *E. Bahl* in diesem Band).

Eines der wesentlichen rechtsstaatlichen Elemente des ehedem neuen gesetzlichen Strafvollzugsrechts war zweifellos das Rechtsschutzsystem: Was hätten die Gefangenen von wohlfeil normierten Rechten, gäbe es keine Möglichkeit, deren Einhaltung durch unabhängige Gerichte überwachen zu lassen ... vorausgesetzt, diese Gerichte hätten die Macht, ihre Entscheidungen gegen die „besondere Gewalt" der Vollzugsadministration durchzusetzen, wie es sich in einem funktionierenden System der Gewaltenteilung gehört. Dass auch insoweit nicht alles zum Besten bestellt ist, obwohl die normative Ausgestaltung des Rechtsschutzsystems kaum zu wünschen übrig lässt (vgl. aber auch den Beitrag von *W. Lesting* in diesem Band), wurde unter den Schlagworten „Renitenz der Vollzugsbehörden" und „contempt of court" zur Sprache gebracht (exempl. *Feest/Lesting* 2009 m.w.N.).

In diesem Zusammenhang ist auch der Hinweis angebracht, dass ein funktionierendes Rechtsschutzsystem zur Überwachung der Einhaltung von Grund- und Menschenrechten alleine noch keinen effektiven Schutz verspricht. Daneben bedarf es anderer unabhängiger Überwachungsinstanzen, und zwar sowohl solcher, die der Gefangene einschalten kann (Obleute etc.), als auch solcher, die unabhängig von Einzelfällen und unabhängig von der Einschaltung durch Betroffene die Haftorte unangemeldet aufsuchen und „nach dem Rechten" sehen. Dieses wurde in den letzten Jahren mit teilweise beachtlichem Erfolg vom bereits erwähnten CPT erfüllt (*Feest* 2007a, *Pollähne* 2007a/b). Nach dem Zusatzprotokoll zur Anti-Folterkonvention der UNO (OPCAT) müssten in Deutschland aber auch sog. „nationale Präventionsmechanismen" eingerichtet werden: Was in diesem Zusammenhang in Wiesbaden realisiert wird, ist schlicht skandalös und sicher nicht konventionsgemäß (vgl. *Komitee* 2007).

2. Zum Abschluss einige ausgewählte Zahlen über den Justizvollzug in Deutschland (ausf. *Dünkel/Geng* 2007) aus den aktuellen offiziellen Statistiken (dazu *Lorenz/Brings* 2008): Danach existieren bundesweit insgesamt 195 Gefängnisse im Sinne organisatorisch eigenständiger Justizvollzugsanstalten (mit deutlich mehr Standorten), nicht mitgezählt also z.B.

- Gewahrsamsbereiche in den Gerichten (zur Vorführung etc.)
- Abschiebungshaftanstalten (dazu *Graebsch* 2008a)
- Jugendarrestanstalten (dazu *Bihs/Walkenhorst* 3009)
- Maßregelvollzugsanstalten.

Nicht mitgezählt werden zudem, dies zu erwähnen scheint besonders wichtig, die zahlreichen Gefangenentransporte, die tagaus tagein hunderte von Gefangenen kreuz und quer durch die Republik kutschieren, verschuben, wie das offiziell heißt, über viele Tage, manchmal Wochen hinweg, von Verschubungszelle zu Verschubungszelle, unter unwürdigen Bedingungen; oftmals wissen Angehörige oder Anwälte (auch die zuständigen Richter) tagelang nicht, wo sich der Gefangene gerade aufhält. Ein alltäglicher Skandal, der deutlich mehr Aufmerksamkeit verdient (ausf. dazu jüngst *Mroß* 2008).

In den genannten 195 Justizvollzugsanstalten stehen derzeit rund 80.000 Haftplätze bereit, das ist ein Haftplatz für 1000 Einwohner, mehr denn je in Deutschland (jedenfalls nach der ‚Wende'). In einem internationalen Vergleich belegte Deutschland damit einen mittleren Platz (bei allen methodischen Problemen der Vergleichbarkeit, dazu *Dünkel/Geng* 2007). Die Kapazitäten reichen von Riesenanstalten (mit mehr als 1000 Plätzen) bis hin zu Minianstalten (mit weniger als 100 Plätzen); die Durchschnittsgröße beträgt gut 400. In diesen Justizvollzugsanstalten befanden sich – verteilt auf die genannten gut 80.000 Plätze – am 31.3.2008 rund 75.000 Gefangene, also sog. Anwesende. Das macht eine reale Stichtags-Belegung von etwa 94 %. Gut 12.000 befanden sich in U-Haft, gut 6.000 im Jugendstrafvollzug, 435 in Sicherungsverwahrung, die restlichen rund 54.000 in Strafhaft.

Die aus den vergangenen Jahren häufig beklagte Überbelegung (vgl. bspw. *Barisch* 2008) scheint mithin zunächst überwunden, gesicherte, insbesondere längerfristig gesicherte Daten liegen dazu allerdings noch nicht vor. Für die relative Entspannung auf dem Feld der Belegung könnten folgende Entwicklungen verantwortlich sein:

- Die Steigerung der Haftplatzkapazitäten: In der Tat haben diese von 2000 bis 2007 um rund 4000, also etwa 5 % zugenommen bei Abnahme der Zahl der Anstalten.

- Die Abnahme der Gefangenenzahlen, wozu widersprüchliche Angaben existieren: So ist die reale Belegung – wie erwähnt – seit etwa 2004 rückläufig, die Gesamtzahl der Strafgefangenen hat aber (jedenfalls bis zum 31.3.2007, Zahlen für den 31.3.2008 lagen noch nicht vor) zugenommen auf zuletzt knapp 65.000. Entscheidend ist offenbar die deutliche Abnahme bei den Untersuchungsgefangenen.

Was weiß man sonst über den „Input" ausweislich der amtlichen Statistiken? Die Zahl verhängter Freiheitsstrafen ohne Bewährung hat seit den 90er Jahren – wenn auch nur leicht – zugenommen. Im Jahre 2006 wurden etwa in den alten Bundesländern (für die neuen Bundesländer wird diese Statsitik noch immer nicht geführt) 750.000 Verurteilte registriert (insg. dürften es in Deutschland jährlich etwa 900.000 sein). Von diesen 750.000 erhielten knapp 125.000 Freiheitsstrafen, davon rund 38.000 ohne Bewährung (darunter knapp 100 mal Lebenslänglich). Hinzu kommen 17.000 verhängte Jugendstrafen, davon gut 6.000 ohne Bewährung. Schließlich werden knapp 4.000 Fälle von Ersatzfreiheitsstrafe verzeichnet.

Zur Höhe der verhängten Freiheitsstrafen, und insb. zu deren Entwicklung, lässt sich methodisch gesichert nicht viel sagen: Es gibt offenbar eine leichte Zunahme seit etwa 2000, zuletzt wurden jährlich rund 10.000 Verurteilungen zu Freiheitsstrafe über 2 Jahre ausgesprochen. Zur Vollstreckungsdauer und insbesondere zur Quote der Strafrestaussetzungen Aussagen zu treffen, ist noch einmal schwieriger: Offenbar gibt es aber einen anhaltenden Trend zur ‚Endstrafe'; die Quote der Aussetzungen scheint auf 20-25% gefallen zu sein (dazu u.a. *Brings* 2004).

Eine Zunahme lebenslanger Freiheitsstrafen ist in den letzten Jahren nicht mehr zu verzeichnen: Die Verhängung hat sich auf ca. 100 pro Jahr eingependelt; inzwischen sitzen knapp 2.000 Gefangene eine lebenslange Freiheitsstrafe ab. Über die Länge der Vollstreckung dieser lebenslangen Freiheitsstrafen ließe sich mehr sagen, das würde hier aber den Rahmen sprengen (ausf. *Dessecker* 2008).

Schließlich ist eine starke Zunahme der Sicherungsverwahrung zu verzeichnen, wenn auch auf niedrigem Niveau: In absehbarer Zeit werden es 500 sicher Verwahrte sein, Mitte der 90er Jahre waren es noch 180 (ausf. *Pollähne* 2008a)!

F. Haftbedingungen BRD 2008

Und damit zum Schluss – und zum Anfang zurück: Warum hier (in der BRD) und heute (2008) Haftbedingungen thematisieren?

1. Weil es tagaus tagein zigtausende Menschen hinter Mauern betrifft, ihre Angehörigen nicht zu vergessen, die unter den Haftbedingungen mitleiden.

2. Weil jenseits all der Debatten um kriminalpolitische Alternativen einerseits und Strafrechtsverschärfungen andererseits die konkreten Haftbedingungen der real Einsitzenden allzu leicht aus dem Blick geraten.

3. Weil die Gesetzgebungsaktivitäten auf Länderebene zum Straf- und Untersuchungshaftvollzug Anlass zu Befürchtungen geben, dass nicht nur der Status quo festgeschrieben, sondern gar die Verschärfung von Haftbedingungen legalisiert werden soll.

4. Weil es vermehrt beunruhigende Meldungen darüber gibt, dass in bundesdeutschen Gefängnissen immer noch – vielleicht aber auch wieder verstärkt – „besondere Gewaltverhältnisse" existieren, die das Leben und Überleben in Haft erschweren.

5. Weil der öffentliche, mediale und realpolitische Diskurs der letzten Jahre über Opferschutz und Sicherheitslücken dazu geführt hat, die Bedingungen, unter denen die Opfer jenes Diskurses eingesperrt werden, auszublenden; alles andere wird als „Täterschutz" delegitimiert.

6. Weil in puncto menschenunwürdige Haftbedingungen allzu gerne auf vergangene Zeiten und auf ferne Länder verwiesen wird.

7. Weil es bei der öffentlichen, politischen und justiziellen Kontrolle der Haftanstalten und -bedingungen erhebliche Defizite gibt. Und schließlich:

8. Weil der Umgang einer Gesellschaft mit ihren Gefangenen ein Gradmesser ist für den humanitären und zivilisatorischen Zustand jener Gesellschaft und für ihre Haltung zu Menschen- und Freiheitsrechten.

Literatur:

Albrecht, Peter-Alexis: Jugendstrafrecht, 3. Aufl. 2000

Barisch, Susanne: Überbelegung – Alltag in deutschen Justizvollzugsanstalten oder: „Einer geht noch, einer geht noch rein?!", Kritische Justiz 2008, 425 ff.

Bartsch, Tillmann/Kreuzer, Arthur: Auswirkungen stetiger Verschärfungen der Sicherungsverwahrungsvorschriften auf den Straf- und Maßregelvollzug, Strafverteidiger 2009, 53 ff.

Becker, Hubertus: Ritual Knast. Die Niederlage des Gefängnisses – eine Bestandsaufnahme, 2008

Bihs, Anne/Walkenhorst, Philipp: Jugendarrest als Jugendbildungsstätte? Zeitschrift für Jugendkriminalrecht und Jugendhilfe 2009, 11 ff.

Brings, Stefan: Die amtlichen Rechtspflegestatistiken, Bewährungshilfe 2004, 85 ff.

Britz, Guido: Strafe und Schmerz – eine Annäherung, in: ders. u.a. (Hg.), Grundfragen staatlichen Strafens (Festschrift für Heinz Müller-Dietz), 2001

Cornel, Heinz: Alternativen zum Gefängnis zwischen Alibi, Reformpolitik und realem Abolitionismus, Kriminologisches Journal 2008, 54 ff.

Committee for the prevention of torture and inhuman or degrading punishment (CPT, Hg.): Standards des CPT, 2. Aufl. 2006

Dessecker, Axel: Lebenslange Freiheitsstrafe, Sicherungsverwahrung und Unterbringung in einem psychiatrischen Krankenhaus. Dauer und Gründe der

Beendigung im Jahr 2006 (KrimZ, Wiesbaden), 2008

Deutsche Aids-Hilfe e.V. (DAH, Hg.): Betreuung im Strafvollzug. Ein Handbuch, 4. Aufl. 2008

Deutsches Institut für Menschenrechte (DIMR, Hg.): Prävention von Folter und Misshandlung in Deutschland, 2007

Dünkel, Frieder/Geng, Bernd: Aktuelle Daten zum Strafvollzug in Deutschland, Forum Strafvollzug 207, 14 ff.

Eidam, Lutz: Zur Selbstverständlichkeit von Rechtsbrüchen beim Vollzug von Untersuchungshaft, HRR-Strafrecht 2008, 241 ff.

Feest, Johannes: Europäische Maßstäbe für den Justizvollzug, Zeitschrift für Strafvollzug 2006, 259 ff.

- ders.: CPT, OPCAT und Co.: Unabhängige Inspektion von Gefängnissen, Zeitschrift für Jugendkriminalrecht und Jugendhilfe 2007a, 306 ff.

- ders.: Justizvollzugsanstalten: totale Institutionen, Folter und Verbesserungen der Prävention, in: DIMR (Hg.), Prävention von Folter und Misshandlung in Deutschland, 2007b, 93 ff.

- ders.: Menschenwürde im Strafvollzug, Betrifft Justiz 2008a, 276 ff.

- ders.: Chancen im Vollzug oder Chancenvollzug? Strafverteidiger 2008b, 553 ff.

Feest, Johannes/Lesting, Wolfgang: Der Angriff auf die Lockerungen, 2005, 76 ff.

- dies: Contempt of Court. Zur Wiederkehr des Themas der renitenten Strafvollzugsbehörden, in: Henning-Ernst Müller u.a. (Hg.), Festschrift für Ulrich Eisenberg, 2009, 675 ff.

Feest, Johannes/Paul, Bettina: Abolitionismus. Einige Antworten auf oft gestellte Fragen, Kriminologisches Journal 2008, 6 ff.

Feest, Johannes/Pollähne, Helmut: Haftgründe und Abgründe. Eine Zwischenbilanz zur Untersuchungshaftgesetzgebung, Forum Strafvollzug 2009, 30 ff.

Fiedeler, Silke-Maria: Eine Perspektive für die lebenslange Freiheitsstrafe, in:

Sven-U. Burkhardt/Christine Graebsch/Helmut Pollähne (Hg.), Korrespondenzen in Sachen: Strafvollzug, Rechtskulturen, Kriminalpolitik, Menschenrechte, 2005, 76 ff.

Frommel, Monika: 40 Jahre Strafrechtsreform, Neue Kriminalpolitik 2008, 133 ff.

Goerdeler, Jochen/Pollähne, Helmut: Das Urteil des Bundesverfassungsgerichts vom 31. Mai 2006 als Prüfmaßstab für die neuen (Jugend-) Strafvollzugsgesetze der Länder, in: Jochen Goerdeler/Walkenhorst, Philipp (Hg.), Jugendstrafvollzug in Deutschland, 2007, 55 ff.

Graebsch, Christine: Abschiebungshaft – Abolitionistische Perspektiven und Realitäten, Kriminologisches Journal 2008a, 32 ff.

- dies.: Sicherungsverwahrung im Jugendstrafrecht, Zeitschrift für Jugendkriminalrecht und Jugendhilfe 2008b, 284 ff

Günther, Klaus: Die Konstitutionalisierung des Strafvollzuges durch das Bundesverfassungsgericht, Kritische Vierteljahresschrift für Gesetzgebung und Rechtswissenschaft 2000, 298 ff.

Hackbarth, Joachim: Erziehung durch Verwahrung? Forum Recht 2009, 29f.

Herrfahrdt, Rolf: Niedersächsisches Justizvollzugsgesetz – Fortschritt oder Rückschritt? in: Hendrik Schneider u.a. (Hg.), Festschrift für Manfred Seebode, 2008

Köhne, Michael: Das Ziel des Strafvollzugs als Ländersache? Juristische Rundschau 2007, 494 ff.

- ders.: Konsequenzen der Föderalismusreform für die Strafzumessung, Neue Kriminalpolitik 2008, 31 ff.

Komitee für Grundrechte und Demokratie (Hg.): Haftbedingungen in der BRD – Theoretische und praktische Beiträge zum Strafvollzug und zur Gefangenenhilfe, 1982

- dass.: Strafrechtliche Gewalt überwinden! 1998

- dass.: Zusatzprotokoll zur Anti-Folterkonvention (OPCAT) umsetzen! 2007

- dass.: Sicherungsverwahrung nach Jugendstrafrecht, PE vom 3.7.2008

Lesting, Wolfgang, Normalisierung im Strafvollzug, 1988

Lorenz, Alexander/Brings, Stefan, Justiz auf einen Blick(DeStatis Wiesbaden), 2008

Matt, Eduard: Haft und keine Alternative? Monatsschrift für Kriminologie 2005, 339 ff.

Meier, Bernd-Dieter: Strafrechtliche Sanktionen, 2. Aufl. 2006

Missoni, Luciano/Konrad, Norbert: Beurteilung der Suizidgefahr in Untersuchungshaft, Recht & Psychiatrie 2008, 3 ff.

Momsen, Carsten: Der rechtliche Rahmen für die Verschiebung der Altersgrenzen im Jugendstrafrecht, Zeitschrift für Jugendkriminalrecht und Jugendhilfe 2005, 179 ff.

Mroß, Andreas: Realität und Rechtswidrigkeit der gegenwärtigen Transporthaft, Strafverteidiger 2008, 611 ff.

Paeffgen, Hans-Ullrich: Das Niedersächsische Justizvollzugsgesetz vom 14.12.2007, Strafverteidiger 2009, 46 ff.

Papendorf, Knut u.a. (Hg.): Kein schärfer Schwert, denn das für Freiheit streitet (Festschrift Thomas Matthiesen), 1993

Piel, Milena u.a.: Der Entwurf eines Untersuchungshaftvollzugsgesetzes NRW – Ein rechtliches und politisches Ärgernis, Zeitschrift für Rechtspolitik 2009, 33 ff.

Pollähne, Helmut: Vorwärts in die Vergangenheit. Zur unheilvollen Renaissance der Sicherungsverwahrung, Forum Recht 1999, 129 ff.

- ders.: Rot-Grüne Kriminal(isierungs)politik. Eine atypische Moralunternehmensbilanz, ansprüche 3/2005, 13 ff.

- ders.: Internationale Standards gegen föderalen Wildwuchs? in: Jochen Goerdeler/Walkenhorst, Philipp (Hg.), Jugendstrafvollzug in Deutschland, 2007a, 141 ff.

- ders.: Der CPT-Bericht über den Deutschland-Besuch 2005, Recht & Psychiatrie 2007b, 120 ff.

- ders.: Endstation Unrechtsstaat? Mit der Sicherungsverwahrung auf Zeitreise, in: Komitee für Grundrechte und Demokratie (Hg.), Jahrbuch 2008a, 122 ff.

- ders.: Führungsaufsicht als ‚Grenzwache'? Gefährliche Tendenzen in der ambulanten Kontrolle ‚Gefährlicher', in: Daniela Klimke (Hg.), Exklusion in der Marktgesellschaft, 2008b, 87 ff.

- ders.: Die Privatisierung psychiatrischer Krankenhäuser und ihre Folgen für den Maßregelvollzug, in: Axel Dessecker (Hg.), Privatisierung in der Strafrechtspflege, 2008c, 139 ff.

Rehn, Gerhard: Hamburger Strafvollzug – Wege und Irrwege. Neue Kriminalpolitik 2008, 34 ff.

Rote Hilfe (Hg.): Vorwärts und nicht vergessen. 70/20 Jahre Rote Hilfe, 1996

Scheerer, Sebastian: Atypische Moralunternehmer. Kriminologisches Journal 1986, 133 ff.

Schlothauer, Reinhold/Weider, Hans-Joachim: Untersuchungshaft, 3. Aufl. 2000

Wetterwachs, Oma: Den Kopf einziehen? Forum Recht 2008, 66 ff

Thesen zur Föderalismusreform

Johannes Feest

Als nahezu ungewollter Seiteneffekt der Föderalismusreform sind seit Mitte 2006 die Bundesländer für die Gesetzgebung im Justizvollzug verantwortlich. Dies ist von Sachkennern aus Theorie und Praxis nahezu einhellig kritisiert worden. Zwei Jahre später sollen die wichtigsten Argumente wiederholt und einer Gegenkritik unterzogen werden.

I. Kritik der Föderalisierung des Justizvollzuges

1. „Auflösung der Rechtseinheit"

Dieses Argument wurde schon im Dezember 2004 in einer Erklärung von Strafrechtswissenschaftlern, Strafvollzugsrechtlern und Kriminologen zutreffend wie folgt formuliert: Mehr als 100 Jahre musste Deutschland nach seinem Strafgesetzbuch und der Strafprozessordnung auf ein einheitliches Strafvollzugsgesetz warten, das 1976 mit den Stimmen aller Parteien nach jahrzehntelanger Diskussion verabschiedet wurde. Diese Rechtseinheit innerhalb Deutschlands, aber auch die systematisch sachlich gebotene Einheit von materiellem Rechts, Verfahrens- und Vollzugsrecht soll nun aufgelöst werden"[1].

Die daraus entstehenden Probleme der Rechtsungleichheit hat Michael

---

[1] Gesetzgebungskompetenz muss beim Bund bleiben. Strafrechtswissenschaftler, Strafvollzugsrechtler und Kriminologen sprechen sich gegen die Änderungsvorschläge der Föderalismuskommission aus (Dezember 2004). Nachzulesen auf diversen Web Pages, z.B. auf der des Bundestages
http://www.bundestag.de/ausschuesse/a06/foederalismusreform/unangeforderte_stellungnahmen/03_justiz/23_prof__dr__heinz_cornel_u_a.pdf (zuletzt abgerufen 21.09.2008).

Köhne am Beispiel der Strafzumessung pointiert zusammengefasst und die Rückkehr zu einem gemeinsamen Strafvollzugsgesetz gefordert[2]. Dieser Schritt zu einer „Schweizerisierung" des deutschen Strafrechts ist doppelt kurios, da in der Schweiz erhebliche Anstrengungen unternommen werden, der dort traditionell vorhandenen Zersplitterung durch bundesrechtliche Rahmenregelungen entgegenzuwirken[3].

2. „Paradigmawechsel"

Ferner wird mir Recht darauf hingewiesen, dass mit dem Ruf nach mehr Sicherheit eine Abkehr vom Vollzugsziel der Resozialisierung im Gange ist. Dies ist der Kern der Kritik des Arbeitskreises kritischer Strafvollzug (AkS): „Das Paradigma ist nicht mehr der Behandlungsvollzug mit der deutlichen Priorität der Resozialisierung (soziale Eingliederung der Gefangenen durch Erziehung, soziale Trainings, Weiterbildung und Integration in die Arbeitswelt), sondern der Verwahrvollzug (Reduzierung der Resozialisierungsbestrebungen mit der Folge weiterhin hoher Rückfallquoten, Steigerung der Kriminalität und der Erhöhung der Unsicherheit der Gesellschaft". Positiv gewendet bedeutet dies: „Der AkS ist der Überzeugung, dass ein höheres Maß an Sicherheit nur durch Resozialisierung erreicht werden kann"[4].

3. „Schäbigkeitswettbewerb"

Noch bevor die ersten Landesgesetze erlassen wurden haben Frieder Dünkel und Horst Schüler-Springorum den Begriff „Wettbewerb der Schäbigkeit"

---

[2] Michael Köhne: Konsequenzen der Föderalismusreform für die Strafzumessung. In: Neue Kriminalpolitik 2008, 9-11.

[3] Freiheitsentzug. Forum Verlag Godesberg, Mönchengladbach 2007, S. VIII. Als Download: http://www.bmj.bund.de/files/-/2308/Europ%20Strafvollzugsgrundsaetze%202006.pdf (zuletzt abgerufen 21.09.2008).

[4] Arbeitskreis kritischer Strafvollzug, Aufruf zur öffentlichen Diskussion der neuen Strafvollzugsgesetze in den Bundesländern (28.09.2007). Nachzulesen auf zahlreichen Web Pages, z.B. http://www.aks-ev.net/pdf/aufruf_pdf.pdf (zuletzt abgerufen 21.09.2008).

geprägt und auf die Gefahr hingewiesen, welche „dem deutschen Strafvollzug droht, wenn die Länder die Gesetzgebungskompetenz für den Strafvollzug erhielten. Ohne ‚schlechtes Gewissen' könnten populistische Vollzugspolitiker resozialisierungsfeindliche Konzepte durchsetzen."[5] Dieser Begriff ist vielfach aufgegriffen worden, um das zu befürchtende negative Benchmarking zu kennzeichnen.

II. Kritik der Kritik

Diese Argumente und Einwände hat auch der Autor dieser Zeilen getreulich mitgetragen. Vier Jahre nach der ersten Kritik und zwei Jahre nach der Föderalismusreform ist es jedoch an der Zeit, sie selbst kritisch zu überprüfen. Das gibt Anlass zu den folgenden Bemerkungen und Thesen:

1. Die Kritik ist als Propaganda nicht erfolgreich gewesen. Bundes- und Landesgesetzgeber haben sich mit bemerkenswerter Leichtigkeit darüber hinweggesetzt. Als Folge verfügen wir heute neben dem immer noch geltenden (Bundes-) Strafvollzugsgesetz über zwei neue Landesstrafvollzugsgesetze (Bayern und Hamburg), sowie über ein Justizvollzugsgesetz (Niedersachsen), sowie über 13 weitere Jugendstrafvollzugsgesetze. Nach dem Vorpreschen von Niedersachsen, welches die Untersuchungshaft in seinem JVollzG schon geregelt hat, sind 15 weitere Untersuchungshaftvollzugsgesetze in Arbeit und auch der Bund hat seine Teil-Zuständigkeit in diesem Bereich durch einen Referentenentwurf angemeldet. Wirrwarr und Unübersichtlichkeit sind die Folge.

2. Die „Schweizerisierung" des Justizvollzuges ist jedoch bisher mehr formal als inhaltlich:
- Weit mehr als 90 Prozent der Formulierungen der neuen Gesetze

---

[5] Frieder Dünkel/Horst Schüler-Springorum: Strafvollzug als Ländersache? Der 'Wettbewerb der Schäbigkeit' ist schon im Gange! In: Zeitschrift für Strafvollzug und Straffälligenhilfe 2006, S. 145-149 (149).

gehen auf das alte Strafvollzugsgesetz zurück

- Die vorhandenen Unterschiede sind zum Großteil symbolisch. Das betrifft insbesondere die Bestimmung des Vollzugszieles. Gegenüber der Formulierung des § 2 Satz 2 StVollzG, wonach der Vollzug der Freiheitsstrafe „auch" dem Schutz der Allgemeinheit dient, ist den meisten Jugendstrafvollzugsgesetzen von „gleichermaßen" oder von „zugleich" die Rede. Nur Bayern und Hamburg machen den Versuch einer echten Umkehrung des Verhältnisses von Sicherheit und Resozialisierung, wobei gerade dieser Punkt in Hamburg wahrscheinlich wieder zurückgenommen werden wird.

- Echte Rückschritte sind vor allem in zwei Punkten zu verzeichnen: bei der Beteiligung der Gefangenen an den Vollzugskosten und bei der in den meisten Gesetzen eingeführten folgenreichen Verpflichtung der Gefangenen an ihrer Behandlung mitzuwirken.

3. Sicherheit vor Kriminalität durch Strafvollzug sollten wir nicht versprechen, auch nicht für Zwecke der Propaganda. Sie ist in jeder Hinsicht eine Illusion. Das gilt für die Sicherheit durch Wegsperren, was man leicht daran sehen kann, dass auch in Zeiten hoher Einsperrungsraten die Kriminalität nicht zurückgeht. Es gilt aber auch für Sicherheit durch resozialisierende Behandlung, weil diese unter Zwangsbedingungen nicht funktionieren kann. „‚Behandlung' im Strafvollzug erschöpft sich darin, die Gefangenen der Anstaltsordnung und der Zwangsarbeit zu unterwerfen. ... Alles geschönte Reden von ‚Behandlung' oder ‚Resozialisierung' erscheint zynisch in Anbetracht dessen, dass zwangsbehandelt, desozialisiert und Schaden zugefügt wird."[6]

4. Schäbigkeitswettbewerb ist in den neuen Gesetzen kaum nachweisbar. Deswegen wird dieser Vorwurf jetzt gelegentlich schon zurückgenommen. Das ist jedoch voreilig. Denn schon unter dem alten Strafvollzugsgesetz waren enorme Unterschiede zwischen den Bundesländern zu verzeichnen:

---

[6] Komitee für Grundrechte und Demokratie: Strafrechtliche Gewalt überwinden! Köln 1998, S. 11.

So war die Beurlaubungschance für Gefangene schon im Jahre 2003 in Berlin oder NRW mehr als doppelt so hoch wie in Baden-Württemberg, mehr als dreimal so hoch wie in Bayern und mehr als zehnmal so hoch wie in Sachsen-Anhalt[7]. Ähnliches gilt für Ausgang, Freigang und offenen Vollzug[8]. Auch der Personalschlüssel im Strafvollzug weist von Land zu Land bemerkenswerte Unterschiede auf[9].

Diese Unterschiede sind auch bei völlig gleichen gesetzlichen Vorgaben dann möglich, wenn der Verwaltung durch den Gesetzgeber große Ermessens- und Beurteilungsspielräume gelassen werden. Dies war schon beim StVollzG der Fall und wiederholt sich in den Landesgesetzen. Hinzu kommt, dass ministeriale Vorgaben, wie etwa das Einheitliche Vollzugskonzept für Niedersachsen („Chancenvollzug"), in der Praxis wesentlich größere Steuerungswirkungen haben als die Normen des Gesetzes[10].

III. Was tun? Was fordern?

Der Föderalismuszug ist abgefahren. Die Rückkehr zu einer einheitlichen Gesetzgebung bleibt aus den eingangs erwähnten Gründen langfristig wünschenswert. Wichtiger ist jedoch das Engagement an inhaltlichen Fragen. Dazu einige beispielhafte abschließende Thesen:

---

[7] Johannes Feest/Wolfgang Lesting: Der Angriff auf die Lockerungen. In: Zeitschrift für Strafvollzug und Straffälligenhilfe, 2005, S. 76-82 (79).

[8] Zahlen für 2004 bei: Frieder Dünkel/Horst Schüler-Springorum: Strafvollzug als Ländersache? Der ‚Wettbewerb der Schäbigkeit' hat schon begonnen. In: Zeitschrift für Strafvollzug und Straffälligenhilfe, 2006, S. 145-149 (147).

[9] Vgl. die Auswertung der Vollzugsetats der Länder bei Horst Entorf/ Susanne Meyer/Jochen Möbert: Evaluation des Justizvollzugs. Ergebnisse einer bundesweiten Feldstudie. Heidelberg: Physica-Verlag 2008.

[10] Johannes Feest, „Chancenvollzug" oder Chancen im Vollzug. In: Strafverteidiger 2008 (im Druck).

1. Orientierung an Menschenrechten statt an Behandlungsillusionen

Vorbildlich hierfür ist die Entwicklung der European Prison Rules (Europäische Strafvollzugsgrundsätze). In ihrer neuesten Fassung beginnen diese Empfehlungen des Europarates mit einer Reihe von menschenrechtlichen Grundprinzipien, die bei allen Gefangenen zu beachten sind. Darin wird deutlich dass die Menschenrechte der Gefangenen, einschließlich des Rechts auf Reintegration, Vorrang vor jeglichen Behandlungszumutungen haben müssen. Dazu gehört auch das Prinzip, dass Mittelknappheit keine Rechtfertigung für Vollzugsbedingungen sein darf, welche gegen die Menschenrechte von Gefangenen verstoßen (Regel 4).

2. Gesetzliche Fixierung von materiellen Mindest-Standards

Auch die neuen Gesetze geben den Verwaltungen viel zu viel Spielräume, die von den Gerichten kaum überprüfbar sind. Zu fordern sind dagegen klare, nachprüfbare und nachbesserungsfähige Mindeststandards. So enthalten die meisten Gesetze nach wie vor keine Vorgaben dazu, welche Mindestgröße ein Haftraum haben muss. Vorbildlich ist hier die Regelung in § 7 Abs. 2 des baden-württembergischen Jugendstrafvollzugsgesetzes, wonach Einzelhafträume eine Grundfläche von mindestens neun Quadratmetern, Gemeinschaftshafträume eine Grundfläche von mindestens sieben Quadratmetern pro Gefangenem aufweisen müssen (allerdings soll diese Regelung nur für Neubauten gelten).

Ähnliches gilt für die Festlegung einer zahlenmäßigen Mindestrelation von Bediensteten zu Gefangenen.

3. Radikale Senkung der Gefangenenzahlen

Wichtigste Voraussetzung für viele dieser inhaltlichen Forderungen ist eine radikale Reduzierung des Strafvollzuges. Die Arbeit mit den weitaus meisten Straffälligen könnte und sollte außerhalb geschlossener Anstalten stattfinden. Auch die Gewerkschaften werden einsehen müssen, dass keine Chance einer

Erfüllung ihrer berechtigten Forderungen nach besseren Arbeitsbedingungen für die Bediensteten im Knast besteht, solange die Gefangenenzahlen sich auf der gegenwärtigen Höhe befinden oder sogar noch steigen.

„Exklusion" als strukturelle Haftbedingung: Exkludierende Haftfolgen

Elke Bahl

Der Begriff „Exklusion" bezeichnet im Folgenden den sozialen Ausschluss, die soziale Ausgrenzung oder Ausgliederung mindestens aus Teilbereichen des sogenannten normalen politischen und gesellschaftlichen Lebens. Einige, besonders prägnante strukturelle Bedingungen der Haft, die Exklusion auch nach Haftentlassung fördern, sind:

1. Zentrale Haftanstalten

Die Ferne vom Wohnort erschwert die Aufrechterhaltung familiärer und sonstiger Sozialkontakte, sowie die Möglichkeiten und Chancen zur Wohnungssuche und (Wieder-)Herstellung normaler Lebensverhältnisse im Rahmen der Entlassungsvorbereitung.

Für viele Gefangene ist eine wohnortnahe Unterbringung von vornherein nicht realisierbar, die Verlegung in wohnortnähere Gefängnisse nach wie vor schwer durchzusetzen.

2. Ausschluss aus der Kranken- und Rentenversicherung

Die Einbeziehung der Inhaftierten in die gesetzliche Kranken- und Rentenversicherung ist bisher aus Kostengründen am Widerstand der Bundesländer gescheitert.

Der Ausschluss aus der gesetzlichen Krankenversicherung bedeutet u.a., dass während der Inhaftierung keine freie Arztwahl besteht. Die üblicherweise geringe Ausstattung mit ärztlichem und pflegerischem Personal in den Anstalten führt zwangsläufig auch zu Einschränkungen in der physischen und psychischen gesundheitlichen Versorgung mit möglichen Folgen für die gesundheitliche Stabilität und Arbeitsfähigkeit.

Hinzu kommt die Ignoranz von Ansteckungsgefahren durch unzureichenden Gesundheitsschutz in den Anstalten. Vor dem Hintergrund, dass im Vollzug der Konsum von Drogen verboten ist, werden auch keine Spritzbestecke für Süchtige vorgehalten. Unterschiedlich ist in den Haftanstalten der Zugang zu Kondomen geregelt. Er sollte unkontrolliert und anonym möglich sein. Spritzbestecke und Kondome sind wichtige Mittel im Rahmen der Gesundheitsfürsorge und Prävention von schweren gesundheitlichen Gefährdungen, u.a. durch HIV, Hepatitis und Tuberkulose. Gesundheit ist ein wichtiger Determinant sozialer Integration, dementsprechend fördert ein schlechter Gesundheitszustand die soziale Exklusion.

Beiträge zur Rentenversicherung werden während der Haft trotz geleisteter Arbeit nicht gezahlt, so dass die Jahre der Inhaftierung für den späteren Rentenanspruch fehlen. Insbesondere für Inhaftierte mit langen Haftzeiten fördert dies das Armutsrisiko im Alter.

Der Ausschluss aus der Kranken- und Rentenversicherung widerspricht dem Angleichungs- und Gegenwirkungsgrundsatz in § 3 Strafvollzugsgesetz.

3. Ausschluss aus tarifgerechter oder -angelehnter Entlohnung

Seit dem 1.1.2001 beträgt die Entlohnung der Arbeit in den Anstalten für Inhaftierte 9% der sozialversicherungsrechtlichen Bezugsgröße. Die Bezugsgröße ist das durchschnittliche Arbeitsentgelt aller sozialversicherten Arbeiter und Angestellten des vorangegangenen Kalenderjahres.

Der Strafvollzug vermittelt mit einem Stundenlohn von etwa 1,50 € weder eine positive Einstellung zur Arbeit als einem zentralen Faktor sozialer Integration, noch wird dadurch eine Grundlage für die Tilgung vorhandener Schulden geschaffen. Die geringe Entlohnung trägt statt dessen zur Entstehung oder Verschärfung einer Verschuldung bei, da die Möglichkeiten zum Schuldenabtrag oder für Wiedergutmachungsleistungen fehlen. Ebenso fehlt es dadurch z.B. an Mitteln zum Wohnungserhalt während der Haftzeit. Somit werden die Problemlagen nach der Haftentlassung insgesamt verstärkt.

4. Überbrückungsgeld

Das gemäß § 51 StVollzG aus den Arbeitsbezügen zu bildende Überbrückungsgeld soll den notwendigen Lebensunterhalt des Gefangenen samt seiner unterhaltsberechtigten Familienangehörigen in den ersten vier Wochen nach der Entlassung sichern, bis über neues Arbeitseinkommen oder die Versorgungsleistungen der Arbeitsbehörden, des Sozialamtes oder des Rentenversicherungsträgers die Existenzgrundlage geschaffen wird. Der Strafvollzug bestimmt somit den Verwendungszweck des Überbrückungsgeldes.

Dieser Zweck kann als Integrationshilfe verstanden werden. Fällt jedoch das Überbrückungsgeld gering aus, gerade bei kurzen Haftstrafen, stellt dieser Verwendungszweck häufig eine Schlechterstellung gegenüber anderen Personen dar, die ALG II-Ansprüche nach dem SGB II oder Sozialhilfeansprüche nach dem SGB XII geltend machen können. Nach dem SGB II ist ein Vermögen von 200,- € pro Lebensjahr, und nach dem SGB XII ein Barvermögen von 1.600,- € anrechnungsfrei. Für Haftentlassene gilt diese Regelung nicht, obwohl gerade sie nach Haftentlassung häufig einen höheren Bedarf an Mitteln zur Verbesserung ihrer besonderen Lebenslage haben.

5. Wohnraumverlust und Wohnraumsicherung

Haft kann insbesondere bei Alleinstehenden häufig zum Wohnungsverlust führen, wenn die Wohnung nicht aus eigenem Vermögen aufrechterhalten werden kann. Für Arbeitslose mit Anspruch auf Leistungen der Grundsicherung für Arbeitssuchende nach dem SGB II entsteht ab dem 1. Tag der Inhaftierung ein kompletter Leistungsausschluss gemäß § 7 Abs. 4 SGB II. Das SGB II schließt einen Anspruch auf Grundleistungen inklusive Kosten der Unterkunft bei Aufenthalt in einer (voll)stationären Einrichtung und einer Einrichtung zum Vollzug richterlich angeordneter Freiheitsentziehung aus.

Bei Leistungsausschluss wird bereits gezahlte Miete von der zuständigen Grundsicherungsbehörde ab dem 1. Hafttag zurückgefordert. Der Gefangene hat die Möglichkeit, die Kostenübernahme zum Wohnungserhalt gemäß §§ 15, 29 und 68 SGB XII beim zuständigen Sozialamt zu beantragen. Wenn die Strafhaft oder Ersatzfreiheitsstrafe nicht länger als sechs Monate dauert, scheint es mit der Mietkostenübernahme zum Wohnungserhalt allgemein unproblematisch. Deutlich engstirniger gehen viele Sozialämter bisher mit der Kostenübernahme der Miete bei Untersuchungshaft um, da sie für ihre Entscheidung gerne eine zeitliche Begrenzung festsetzen, bei U-Haft der Entlassungszeitpunkt aber nicht festsetzbar ist.

Der Vollzug der U-Haft soll gemäß § 116 StPO ausgesetzt werden, wenn einer etwaigen Fluchtgefahr durch anderweitige Maßnahmen begegnet werden kann; dabei spielt der Wohnungserhalt eine herausragende Rolle: Verliert der Inhaftierte seine Wohnung, ist eine Außervollzugsetzung schwerer zu legitimieren, damit verlängert sich die Inhaftierung etc. ... ein Teufelskreis! Dies setzt sich bei der Strafzumessung fort: Ohne Wohnung ist eine Aussetzung der Freiheitsstrafe zur Bewährung in der Regel schwerer durchzusetzen.

Der Wechsel der Zuständigkeiten von der Grundsicherungsbehörde (sog. ARGE, Jobcenter) zum Sozialamt macht das Procedere zum Wohnungserhalt bei Inhaftierung zeit- und arbeitsaufwändiger und gefährdet damit den Wohnungserhalt.

Die finanziellen Folgen eines Wohnungsverlustes durch Haft, wie Mietschulden, Gerichts- und Räumungskosten, Verlust von Inventar und persönlicher Habe, Neuanmietungs- und Einrichtungskosten, ggf. einer Unterbringung in Notunterkünften nach Haft, sind für den Haftentlassenen und auch für das Sozialamt oft deutlich höher als die Aufwendungen für fortlaufende Mietzahlungen des Amtes bis zu einem Jahr zum Wohnungserhalt.

Der Verlust der Wohnung und die zusätzliche Verschuldung erschweren dem Inhaftierten den Rückweg in die Freiheit und damit Integration. Wie auf der homepage der Haftentlassenenhilfe e.V. in Frankfurt ausgeführt, ist „Obdachlosigkeit... die größte Hürde zur Wiedereingliederung. Haftentlassenen fehlen meist nicht nur die finanziellen Mittel, um auf dem schwierigen Wohnungsmarkt gegen andere Wohnungssuchende zum Zuge zu kommen.

Ohne Wohnung ist ... auch keine regelmäßige Arbeit zu finden. Wird die Unterbringung in einer Notunterkunft deshalb zum Dauerzustand, schwindet nach und nach der Glaube, je wieder ein normales Leben führen zu können, die Perspektive verengt sich auf das Überleben am nächsten Tag, Resignation setzt ein."

Rechtsschutzdefizite im Strafvollzug

Wolfgang Lesting

Meine sehr geehrten Damen und Herren, ich will Ihnen zunächst einen Überblick über den Inhalt meines Referats geben. Zunächst folgt eine Bestandsaufnahme zum Rechtsschutz im Strafvollzug und seinen Problemen (1), dann werde ich in einem kleinen Exkurs über renitente Strafvollzugsbehörden berichten (2), um schließlich Folgerungen und Forderungen zu entwickeln (3).

1. Bestandsaufnahme

Die Rechtsschutzprobleme, mit denen Gefangene in den Anstalten und vor Gericht zu kämpfen haben, sind vielschichtig. Vielleicht kann man zwischen zwei grundlegenden Problembereichen differenzieren:

Gefangene haben zum einen Rechtsschutzprobleme, die sie mit anderen Randgruppen dieser Gesellschaft teilen. Bekanntlich können nicht alle Bürger über die Ressource „Recht" gleichermaßen verfügen. Es gibt unterschiedlich hohe Zugangsbarrieren zu den Gerichten je nach wirtschaftlicher und gesellschaftlicher Machtposition, nach Durchsetzungskraft und Befindlichkeit, nach Artikulationsfähigkeit und Rechtskenntnissen. Das alles sind Eigenschaften, über die Gefangene eher selten verfügen. Hierdurch werden sie in der Wahrnehmung ihrer Rechte behindert.

Gefangene haben zum anderen über die aus ihrer Randgruppenzugehörigkeit folgenden Nachteile noch weitere, sehr spezielle Rechtsschutzprobleme. Damit sind die besonderen Probleme gemeint, die aus dem Rechtsschutz in einer totalen Institution wie dem Gefängnis oder der Psychiatrie folgen. Diese Probleme werden schnell deutlich, wenn man sich vergegenwärtigt, dass ein Gefangener bei seinem Prozessgegner eingesperrt ist, eine bei Rechtsstreitigkeiten bekanntlich eher ungewöhnliche Situation. Bernd Volckart hat die

Zusammenhänge sehr plastisch beschrieben, als er ausführte: „Gefangene, die sich in einen Rechtsstreit mit der Anstalt einlassen, kämpfen in einem anders gearteten Innenverhältnis als die Bürger draußen. Gefangene haben einen Prozessgegner, der in der Lage ist, fast alle ihre Lebensäußerungen zu kontrollieren. Daraus entsteht ein Anpassungsdruck, auch ungerechtfertigte Maßnahmen hinzunehmen."

Die besonderen Verhältnisse im Gefängnis sind geprägt durch ein Machtgefälle zwischen dem Insassen und der Anstalt, wie es draußen nirgendwo existiert. Der Ohnmacht der Gefangenen steht die Allmacht der Vollzugsbehörden gegenüber. Das übergroße Machtgefälle zeigt sich in vielerlei Hinsicht, etwa bei der Erfahrung der Prozessparteien, wenn dem unerfahrenen, einmal prozessierenden Gefangenen mit der Anstalt ein routinierter Vielfachprozessierer mit langen und guten Kontakten zum Gericht gegenübersteht, oder bei der Definitionsmacht der Vollzugsbehörden mit ihren nahezu unbegrenzt erscheinenden Möglichkeiten, den vorprozessualen und gerichtlichen Rechtsschutz der Gefangenen zu behindern und zu verhindern. Insoweit steht den Anstalten ein umfangreiches Repertoire von Maßnahmen zur Verfügung, mit denen sie auf eine Beschwerde oder Klage reagieren können. Sie können versteckt subtilen oder offen massiven Druck auf den Gefangenen ausüben, „auf Zeit spielen", um einen Erfolg des Gefangenen zumindest zu verzögern, oder Fakten schaffen und verändern, die für die Beurteilung der rechtlichen Situation von ausschlaggebender Bedeutung sind. Eine Folge all dieser Probleme ist ein seltener Gebrauch von Rechtsmitteln durch die Gefangenen und eine extrem niedrige Erfolgsquote von max. 2 – 5%.

Ich komme damit zu dem angekündigten Exkurs über renitente Strafvollzugsbehörden, einem besonders krassen Beispiel, bei dem sich alle Rechtsschutzprobleme zugespitzt zeigen, weil Gefangene nicht einmal die Möglichkeit haben, einen Erfolg vor Gericht auch zu vollstrecken.

2. Renitente Strafvollzugsbehörden

Zunächst zur Erläuterung: Renitente Strafvollzugsbehörden sind Vollzugsbehörden, die eine konsequente Umsetzung gerichtlicher Entscheidungen, die zugunsten von Gefangenen ergangen sind, verweigern. Wir, Johannes Feest und ich, haben den Begriff vor über 20 Jahren kreiert in bewusster Anlehnung an den „renitenten Strafgefangenen", über den die Vollzugsverwaltungen so wortreich klagen. Aus der Korrespondenz mit Gefangenen waren uns nämlich einschlägige Fälle bekannt geworden, die wir sammeln und dokumentieren konnten. Die polemische begriffliche Zuspitzung hat sich als ausgesprochen erfolgreich erwiesen. Das Phänomen hat sich herumgesprochen und immer mal wieder große Aufmerksamkeit in Wissenschaft und Politik gefunden. Ich will aus einer neueren, noch nicht veröffentlichten Untersuchung drei Ergebnisse referieren, die den gegenwärtigen Stand der Erkenntnisse über renitente Strafvollzugsbehörden wiedergeben.

Das erste Ergebnis ist nicht mehr überraschend. Der Ungehorsam von Vollzugsverwaltungen gegenüber Gerichtsentscheidungen ist nicht so selten, wie vielfach behauptet wird. Wir konnten allein aufgrund von wenigen Anfragen bei versierten Gefangenen, Rechtsanwälten und Richtern eine ganze Reihe von neuen Fällen dokumentieren. Auffälliger war das zweite Ergebnis unserer Studie. Deutlicher als zuvor konnten wir nachweisen, dass Renitenz häufig mit wenigstens stillschweigender Duldung durch die zuständigen Justizministerien erfolgt. Was früher eine nahe liegende Vermutung war, weil unvorstellbar schien, dass sich ein Anstaltsleiter eigenmächtig über eine ihn bindende gerichtliche Entscheidung hinwegsetzt, fanden wir jetzt gewissermaßen „schwarz auf weiß" bestätigt. Es ist ein höchst beunruhigender Befund, wenn Landesjustizministerien aus (rechts)politischen Gründen eine rechtswidrige Verwaltungspraxis durchzusetzen oder trotz anders lautender, bindender Gerichtsentscheidungen beizubehalten suchen. Zugleich offenbart es einen erschreckenden „pädagogischen Effekt". Es drängt sich die Frage auf, was es für die Einstellung eines Gefangenen zum Recht bedeutet, wenn er die Erfahrung machen muss, dass sich Behörden nicht an das ihm immer wieder vorgehaltene Recht halten, sondern fortgesetzt „Foul spielen". Ermutigender ist dagegen unser drittes Ergebnis. Wir konnten ein deutlich geschärftes

Problembewusstsein bei den Gerichten, in der Politik und der Öffentlichkeit feststellen. Als Beispiel für die politischen Reaktionen sei nur an die bemerkenswerte Presseerklärung der Bundesjustizministerin vom 6. Januar 2006 erinnert, wonach sich Landesjustizverwaltungen an Gerichtsurteile halten müssten. Interessanter sind vielleicht sogar die ungewöhnlich deutlichen Töne der Gerichte, für die hier beispielhaft nur zwei Zitate aus Entscheidungen genügen sollen:

„... dass die Anstaltsleitung der JVA ersichtlich nicht gewillt zu sein scheint, sich an die Vorschriften des Strafvollzugsgesetzes und Entscheidungen der Strafvollstreckungskammer zu halten" (LG Karlsruhe, Urteil vom 13. März 2006 - 10 O 578/02);

„Die Kammer stellt jedoch klar, dass die Weigerung der Vollzugsbehörde, dem Antragsteller den bei seiner Habe befindlichen DVD-Player auszuhändigen und dessen Benutzung im Haftraum zu gestatten, die vorsätzliche Missachtung einer gerichtlichen Entscheidung und damit einen eklatanten Rechtsbruch (vgl. Art. 20 Abs. 3 GG) darstellt" (LG Gießen StV 2006, 260).

3. Folgerungen und Forderungen:

Welche Folgerungen sind aus dieser Situationsbeschreibung zu ziehen und welche (rechts)politischen Forderungen müssen wir erheben? Dazu ganz kurz und stichwortartig nur soviel:

Wir brauchen

- eine Reduzierung der Entscheidungsmacht der Anstalten, d.h. ganz plakativ, mehr einklagbare Rechte für Gefangene statt der allgegenwärtigen Ermessens- und Beurteilungsspielräume der Anstalten, sowie zur Verhinderung von Renitenz eine Zwangsvollstreckungsmöglichkeit gegen Vollzugsbehörden (Zwangsgeld),

- Verbesserungen des gerichtlichen Rechtsschutzes in vielerlei Hinsicht, d.h. eine Verkürzung der Verfahrensdauer, die Einführung einer obligatorischen mündlichen Verhandlung u.s.w.,

- vor allem aber unabhängige, machtvolle Beschwerdestellen (Ombudsmann),

- und schließlich eine aktive Gegenöffentlichkeit durch Initiativen und Nichtregierungsorganisationen. Hierin liegt für mich auch die Bedeutung dieser Tagung, weshalb ich mit einem Dank an die Veranstalter schließen möchte, dass sie sich wieder einmal des schwierigen Themas Strafvollzug angenommen haben.

Literatur:

Feest/Lesting/Selling, Totale Institution und Rechtsschutz, Opladen 1997

Feest/Lesting, Contempt of Court. Zur Wiederkehr des Themas der renitenten Strafvollzugsbehörden; in: Müller/Sander/Valkova, Festschrift für U. Eisenberg, München 2009

Lesting, Vorschläge zur Verbesserung des Rechtsschutzes von Strafgefangenen, KrimJ 1993, 48

Lesting/Feest, Renitente Strafvollzugsbehörden, ZRP 1987, 390

Zu den Haftbedingungen und ihrer Geschichte

Klaus Jünschke

Die Disziplinierung der Armen

Die Geschichte der Gefängnisse beginnt mit den Zuchthäusern, die 1550 in London und 1588 in Amsterdam und Nürnberg entstanden. Davor wurden Menschen in Kerkern und Verließen gefangen gehalten. Die Zuchthäuser waren Armenhaus, Arbeitshaus und Strafanstalt in einem. Eingesperrt wurden in diesen Häusern Landstreicher, elternlose Jugendliche, umherziehende Frauen und durch Straftaten auffällig gewordene Menschen. Untergebracht waren sie in großen Sälen, die nicht nach Geschlechtern getrennt waren. Sie sollten durch Zwangsarbeit zu fleißigen und nützlichen Untertanen gemacht werden.

Die Zellengefängnisse, wie wir sie heute kennen, in denen Menschen festgehalten werden, die einen Strafprozess erwarten oder durch ein Gericht zu einer Haftstrafe verurteilt worden sind, entstanden erst zwei Jahrhunderte später.

Die Einzelhaft wurde 1776 in Philadelphia, im US-Bundesstaat Pennsylvania von den Quäkern eingeführt, die davon ausgingen, dass sich ein Straftäter durch seine Handlungen von Gott abgewandt habe. Die verordnete Einsamkeit und Bibellektüre sollten ihn auf den rechten Weg zurückbringen. Das 1818 in Pittsburgh erbaute Gefängnis wurde zum Vorbild der in den darauf folgenden Jahrzehnten auch in Europa gebauten Strafanstalten. Es bestand aus einer Zentrale, von der sieben eingeschossige Flügel abgingen.

1834 bis 1838 wurde das „Rheinische Zentralgefängnis" in Köln mit drei Flügeln gebaut. 1848 entstand in Bruchsal ein Sternbau, und 1875 bis 1879 wurde das Centralgefängnis in Hamburg Fuhlsbüttel erbaut, heute Haus 1. In Preußen wurden zwischen 1885 und 1914 elf weitere solcher Zellengefängnisse in Sternbauweise errichtet.

Beispiele sind: 1893 bis 1896 wurde die königlich preußische Strafanstalt zu Siegburg gebaut, 1898 das königliche Strafgefängnis Tegel in Berlin, 1905 das großherzogliche Landesgefängnis Herzogenried in Mannheim, und 1908 ist die Justizvollzugsanstalt Werl als „Königlich-Preußisches Centralgefängnis" in Betrieb gegangen.

1969 wurde die Zuchthausstrafe abgeschafft. 1977 wurden mit dem Strafvollzugsgesetz die Gefängnisse in Justizvollzugsanstalten umbenannt. Die Gebäude mit ihren oft weniger als 8 qm großen Zellen sind geblieben. In Gefängnisneubauten, beispielsweise der Jugendstrafanstalt Heinsberg, werden die Zellen jetzt Hafträume genannt und sind 12 qm groß. In diesen „Hafträumen" in den alten und neuen Gefängnissen sind Heizungen eingebaut worden, Strom und Wasser wurden verlegt, und Spülklosetts wurden installiert. Die allerneuesten Errungenschaften sind die Anschlüsse für das Kabelfernsehen.

Moderne Gestaltungsgrundsätze in alten Mauern

Obwohl es im § 3 des Strafvollzugsgesetzes unter dem Titel „Gestaltung des Vollzuges" heißt:

„(1) Das Leben im Vollzug soll den allgemeinen Lebensverhältnissen soweit als möglich angeglichen werden.

(2) Schädlichen Folgen des Freiheitsentzuges ist entgegenzuwirken.

(3) Der Vollzug ist darauf auszurichten, dass er dem Gefangenen hilft, sich in das Leben in Freiheit einzugliedern.",

sind die Gefangenen im „modernerBehandlungsvollzug" in derselben Zelle, wie die Gefangenen in der Kaiserzeit, in der Weimarer Republik und in der Nazizeit.

Was bedeutet die Unterbringung in einer Zelle, die in der Kaiserzeit als angemessene Reaktion auf Kriminalität begriffen wurde, in einer Gesellschaft, die sich als freiheitlich-demokratische versteht?

Was ist eine Zelle?

Es gibt im schwäbischen ein Sprichwort, das besagt, dass der Raum der dritte Lehrer ist – nach dem eigentlichen Lehrer und den Mitschülern. Wenn man das auf das Gefängnis überträgt, kann man sich fragen, was lehrt der Raum, den wir Zelle nennen?

Der Gefangene, der diesen Raum betritt, hört, wie das Schloss hinter ihm zugeschlossen wird. Wenn er sich umdreht, steht er vor einer Tür, die innen kein Schlüsselloch und keine Türklinke hat. In Augenhöhe sieht er in der Tür den sogenannten Spion, durch den er von außen beobachtet werden kann. Wenn der Gefangene sich jetzt umdreht, sieht er an der gegenüberliegenden Wand das vergitterte Zellenfenster. In Nordrhein-Westfalen sind inzwischen fast alle Fenster in allen Gefängnissen zusätzlich durch ein feinmaschiges sogenanntes Wellengitter gesichert.

In den neuen Gefängnissen ist das Fenster so groß, dass man im Stehen durch das alte Gitter und das neue feinmaschige Wellengitter hinaus auf einen Gefängnishof sehen kann. In den Altbauten, wie z.B. im Haus 1 der Jugendanstalt Siegburg ist das Fenster zwei Meter über dem Boden, so dass ein Gefangener nur hinaussehen kann, wenn er einen Stuhl auf den Tisch stellt und da drauf steigt.

Neben dem Stuhl und dem Tisch sind die weiteren Einrichtungsgegenstände in der Zelle das Bett, ein Spind, das Klo und das Waschbecken. Vielleicht auch noch ein Bücherregal oder eine Leiste an einer Seitenwand zum Anbringen von Fotos.

In dem schmalen Gang zwischen Bett und Tisch kann sich der Gefangene hin und her bewegen – vier Schritte vor und vier Schritte zurück, von der Tür zum Fenster und zurück, vier Meter vor und vier Meter zurück.

Die Unterbringung in einer Zelle steht für eine asymmetrische Sozialbeziehung, wie sie nirgendwo sonst in der Gesellschaft institutionalisiert ist.

Was lehrt der Raum?

Was lehrt der Raum von acht Quadratmetern den Gefangenen? Jeder Mensch gerät in einer Zelle früher oder später in Angstzustände, weil ihm der Raum immer enger vorkommt. Und wer sich zum Beispiel vorstellt, weil es zum Herzrasen kommt und sich Panik breit macht, er könne sterben und aus der Angst Todesangst wird, der erlebt, wenn er die Ampel drückt, um zu signalisieren, dass ein Bediensteter kommen soll, dass das unter Umständen sehr lange dauert. Es ist sicher nicht die Regel, dass es Stunden dauert, bis jemand kommt, aber das kommt vor, und es ist angesichts des Personalmangels normaler Bestandteil des Gefängnisalltags und der Gefängnisnächte.

Wie können Gefangene mit diesen Ohnmachtserlebnissen umgehen? Wut und Hass sind unausbleibbare Reaktionen. Wenn sie einen überfluten, kann es passieren, dass einer alles in der Zelle kurz und klein haut. Eine andere Möglichkeit ist, in der Ohnmacht zu versinken, sich aufzugeben und völlig apathisch zu werden. Die eigene Körperpflege und die Sauberkeit der Zelle werden nach und nach aufgegeben, die Zelle wird nicht einmal zur Freistunde verlassen, und immer mehr Stunden am Tag werden im Bett verbracht.

Eine andere Ohnmachtserfahrung gerade bei Jugendlichen, die nicht gelernt haben, Bücher zu lesen oder sich z.B. durch Malen oder Zeichnen oder Basteln zu beschäftigen, ist die Langeweile.

Das Verhalten der meisten ist von Anpassung bestimmt, vom Bemühen nicht aufzufallen, um durch „gute Führung" Lockerungen zu erreichen.

Als in der JVA Siegburg im November 2006 ein junger Häftling von seinen Mitgefangenen zu Tode gequält worden war, kam es in den Medien zu einer Vielzahl von Berichten, in denen die Überbelegung, der Personalmangel und die Gewalt unter den Gefangenen ausführlich thematisiert wurden. Eine der Reaktionen des zuständigen Justizministeriums in Düsseldorf war die Anordnung, die Doppelbelegung der Zellen zu beenden und jedem Gefangenen zum Schutz vor Übergriffen eine Einzelzelle zur Verfügung zu stellen. Dass auch die Einzelzelle ein Übergriff ist, blieb weitgehend unthematisiert.

Damit das „Recht auf Einzelunterbringung" umgesetzt werden kann, wurde nicht überlegt und öffentlich diskutiert, wie die Zahl der Gefangenen reduziert werden kann, sondern es wurde der Aus- und Neubau von Jugendgefängnissen in Auftrag gegeben.

Das öffentliche Bewusstsein dafür zu schaffen, dass die Zelle kein geeigneter Ort für die Unterbringung von Jugendlichen ist, ist umso dringlicher, da selbst in Siegburg über ein Jahr nach dem Tötungsdelikt 30% aller Gefangenen unbeschäftigt auf ihren Zellen zubringen müssen. Die sind nicht „mal" 23 Stunden auf der Zelle, sondern monatelang. Das können sie in der Regel nicht verarbeiten.

Darauf muss reagiert werden. Menschen, die man vorübergehend festhalten muss, weil sie für sich oder andere eine Gefahr sind, müssen in Räumen untergebracht werden, die die Bezeichnung Zimmer zu Recht verdienen: die Räume müssen innen eine Klinke haben, und der Gefangene muss die Möglichkeit haben, diesen Raum zu verlassen, wenn er zum Beispiel Angstzustände bekommt. Und er muss dann vor seinem Zimmer jemanden antreffen, mit dem er reden kann.

Feinvergitterung und Schlichtzellen

Wir haben keine Diskussion um die Abschaffung der Zellen – wir müssen erleben wie die Zellen durch die zusätzliche Feinvergitterung noch dichter gemacht werden, und wir erleben, dass in den Zellenhäusern die Zahl der sogenannten „Schlichtzellen" zunimmt. Dabei handelt es sich um Zellen, in denen alle Möbel im Boden oder an den Wänden verankert sind und Gefangene nichts zerstören können. Der Bedarf an diesen Zellen ist durch die wachsende Zahl der Gefangenen entstanden, die mit ihrer Situation nicht mehr fertig werden. Sie werden unter Umständen für ein paar Wochen in eine geschlossene psychiatrische Anstalt verlegt, kommen dann aber mit Medikamenten ruhiggestellt – nach einigen Wochen wieder zurück in diese „Schlichtzellen".

Überbelegung

Für die Überbelegung der Gefängnisse gibt es verschiedene Erklärungen. Einmal sind dafür die länger gewordenen Strafen verantwortlich – gerade auch die wachsende Zahl der Sicherungsverwahrten und die sinkende Zahl von Haftlockerungen weisen darauf hin.

Zwei Gruppen, von denen immer wieder die Rede ist, wenn es um die Überbelegung geht, sind die Drogensüchtigen und die Migranten. Der verstorbene Leiter der JVA Köln, dem wir auch unsere Ausstellung „Menschen statt Mauern – für ein Europa ohne Jugendgefängnisse" gewidmet haben, hat immer wieder betont, dass er ein Drittel aller Zellen dicht machen könnte, wenn es eine an Leidverminderung orientierte Drogenpolitik gäbe, statt der repressiven Drogenpolitik, die vorgibt, die drogenfreie Gesellschaft schaffen zu können. Er hat wiederholt erklärt, dass er Gefängnischef ist und kein Klinikdirektor und die Drogenkranken aus seiner Sicht im Gefängnis fehl am Platze sind. Es wird davon ausgegangen, dass in der Jugendabteilung 50% und in der Frauenabteilung 70% aller Gefangenen Drogenprobleme haben.

Durch die auf Abschreckung und Zurückweisung zielende Migrationspolitik, deren ganze Brutalität durch das Sterben an den Europäischen Außengrenzen zum Ausdruck kommt, gibt es seit den 90er Jahren eine massive Überrepräsentation von Menschen mit Migrationshintergrund in den Untersuchungs- und Strafanstalten. 1990 bis 2000 blieb die Zahl der deutschen Gefangenen relativ konstant – die Zahl der Gefangenen mit Migrationshintergrund hat sich in diesem Jahrzehnt fast verdoppelt.

Da die Überbelegung in den Gefängnissen nicht begleitet war von der Einstellung von mehr Personal, ist der Druck auf die Gefangenen gewachsen. Zur Veranschaulichung zwei Beispiele aus der JVA Köln: als die Abzieherei von Klamotten in der Abteilung der männlichen Jugendlichen zunahm, wurde einfach das Tragen von eigener Kleidung untersagt. Obwohl jeder weiß, wie wichtig gerade für Jugendliche die eigene Kleidung ist und wie entwürdigend sie das zwangsweise Tragen von Gefängniskleidung empfinden.

Zur weiteren Disziplinierung wurde außerdem ein Stufenvollzug konzipiert: wer sich sehr gut führt, kommt in die A-Gruppe und hat mehr Freizeit, und die Zellentür bleibt in dieser Zeit offen. Wer sich störend benimmt, kommt in die C-Gruppe, d.h. ist 23 Stunden allein auf der Zelle. Die A-Gruppe nimmt nur ca. 15 von 50 – 60 Gefangenen auf. Wenn sich mehr Gefangene gut führen, wird nicht etwa die A-Gruppe vergrößert, sondern die Warteliste verlängert.

Die Leute, die in der Jugendabteilung arbeiten und dafür verantwortlich sind, würden gerne was anderes machen, wenn sie dafür das nötige Personal hätten. Wenn es aber nur zwei Beamtinnen und Beamte für bis zu 60 Jugendliche in einer Schicht gibt, haben sie alle Hände voll mit Ordnungsproblemen zu tun.

Bildung und Ausbildung im Schatten der Zellen

Natürlich ist nicht alles Repression. Es gibt die Möglichkeit, den Hauptschulabschluss nachzuholen – aber in der JVA Köln z.B. eben nur für 8 von 200 männlichen und weiblichen Jugendlichen. Genauso klein sind die Sonderformen des Berufgrundschuljahres für Metall- und Holz-Berufe oder die Arbeitstherapien. Beachtenswert ist, dass diese Maßnahmen koedukativ sind: an ihr nehmen weibliche und männliche Jugendliche gemeinsam teil.

Neben den schulischen und beruflichen Bildungsangeboten gibt es in der JVA Köln wie in allen anderen Gefängnissen eine Vielzahl von Freizeitgruppen, die zu einem großen Teil von ehrenamtlichen Helferinnen und Helfern von draußen angeboten werden.

Das Problem ist, dass diese Ansätze eines „erzieherisch gestalteten Vollzugs", wie er gerade bei den Jugendlichen auch schon in der Untersuchungshaft vorgeschrieben ist, in Unfreiheit stattfindet, in Gefängnissen, in denen viel zu viele Jugendliche mit all ihren Problemen die meiste Zeit allein gelassen auf ihren Zellen zubringen. In Ohnmacht. Und die Gefangenen erleben nicht nur ihre individuelle Ohnmacht, sie erleben auch, dass die allermeisten eine ihnen ähnliche Geschichte haben: Gewalt in der Familie, Armut, Misserfolg in der Schule, Sozialisation auf der Straße mit Drogen und Gewalt.

Konkrete Haftbedingungen
– aus Sicht eines Strafverteidigers

Sebastian Scharmer

Über konkrete Haftbedingungen, Entwicklungen und Missstände könnte man wahrscheinlich Bibliotheken füllen. Daher hier ein kleiner Überblick der Themen, die aus unserer Sicht momentan und im Rahmen dieser Anhörung Anstoß zur Diskussion geben sollten.

Wir, das ist der Arbeitskreis Strafvollzug der Berliner Strafverteidigervereinigung – eine Gruppe von Anwältinnen und Anwälten, die engagiert in Vollzugs- und Vollstreckungsmandaten arbeiten. Der Arbeitskreis kooperiert eng mit dem RAV (Republikanischer Anwältinnen- und Anwälteverein) und konzentriert sich nicht nur auf die Arbeit im Berliner und deutschen Strafvollzug, sondern sucht auch den Blick über den eigenen Tellerrand hinaus in die europäischen Nachbarländer. Wir verstehen uns nicht nur als Forum des Austausches zwischen Kollegen, sondern möchten aktiv mit den Vollstreckungsgerichten, den Justizvollzugsanstalten und den politisch Verantwortlichen ins Gespräch kommen, Interessen der Inhaftierten und der Verteidigung kommunizieren und etablieren.

Es wird sich nicht vermeiden lassen, dass sich einzelne Themen mit Darstellungen der anderen Referentinnen und Referenten überschneiden. Die folgenden drei Komplexe möchte ich hier kurz darstellen:

1. Mangelverwaltung contra Fehlinvestition:

wie verschwenderische Investitionen in vermeintliche Sicherheit auf Kosten von menschenwürdigen und am Behandlungsziel orientierten Vollzugsbedingungen finanziert werden.

2. Weggeschlossen bis zur Endstrafe:

wie Lockerungen im Vollzug immer floskelhafter ausgeschlossen werden, der geschlossene Vollzug zum Regelvollzug geworden ist und niemand mehr Verantwortung für schwierige Entscheidungen übernehmen will.

3. Die JVA als rechtsfreier Raum:

von der faktischen Wirkungslosigkeit der Verfahren nach § 109 StVollzG oder § 114 StVollzG, überlanger Verfahrensdauer und mangelnden Hilfsmöglichkeiten.

1. Mangelverwaltung contra Fehlinvestition

Es dürfte niemandem neu sein, dass sich die konkreten Haftbedingungen von den gesetzlichen Vorgaben nicht unerheblich unterscheiden. Diese Tatsache wird auch von Vollzugsanstalten und Strafvollstreckungskammern regelmäßig nicht in Frage gestellt. Begründet wird dies in der Regel mit mangelnder personeller und finanzieller Ausstattung der Justizvollzugsanstalten. Dabei ist offensichtlich, dass die Ressourcen vorhanden sind, diese allerdings nicht in resozialisierungsfördernde Maßnahmen und menschenwürdige Haftbedingungen investiert werden, sondern in vermeintliche Sicherheit. Hier einige Beispiele:

a) Fehlende Sozialarbeiter und Betreuungspersonal

Die Jugendstrafanstalt Berlin fiel zuletzt in einer großen Medienkampagne dadurch auf, dass es zum Einbringen von Handys kam, indem diese nachts, in Tennisbällen versteckt über die Gefängnismauer geworfen wurden. Sofort wurde die Berliner Justizsenatorin für diese „unhaltbaren Zustände" in der Presse zur Verantwortung gezogen. Schnelle Konsequenzen wurden gefordert.

Nun wird für insgesamt 2,6 Mio € ein neuer Sicherheitszaun um die bereits bestehende Absperrung der Jugendstrafanstalt (JSA) gebaut. Nach

Auffassung der Senatsverwaltung für Justiz soll er dazu dienen, Fluchtvorkommnisse aus der JSA heraus zu verhindern. Dabei hatten die bisherigen Gefängnismauern zumindest in den letzten 12 Jahren dazu gereicht, dass es allein zu einem Fluchtversuch kam, bei dem sich der jugendliche Inhaftierte zudem die Beine brach.

Gleichzeitig fehlt es in der JSA Berlin an vielem, was gerade bei Jugendlichen für eine zielführende Begleitung und Betreuung notwendig wäre. So gibt es auf ca. 440 Inhaftierte ganze 4 Stellen für Lehrer. Unsere Mandanten berichten, dass für Probleme oft über Wochen kein Sozialarbeiter als Ansprechpartner zur Verfügung steht. Mehrfachbelegung von Crafträumen ist der Regelfall. Nun säumen die in blau gekleideten Bediensteten den Gefängnishof, um zu kontrollieren, dass keine neuen Tennisbälle über die Mauer geworfen werden. Gleichzeitig gibt es in mehreren Häusern zeitweise nicht einen Menschen, der für die teilweise aus hochproblematischen Verhältnissen stammenden Inhaftierten zur Verfügung stehen würde. Bei einer Veranstaltung zur Einführung des neuen Jugendstrafvollzugsgesetzes erklärte ein Mitglied der Personalvertretung der JSA, dass die Personalsituation aufgrund der Unterdimensionierung und hohen Krankheitszahlen derart katastrophal sei, dass weder Betreuung noch Sicherheit adäquat gewährleistet werden können.

Die zuständige Senatsverwaltung in Berlin hat inzwischen die Investitionssumme von 2,6 Mio € für den neuen Sicherheitszaun bestätigt.

b) Hafträume und Überbelegung

Die JVA Tegel in Berlin dürfte in Bezug auf die Belegung die größte JVA Deutschlands sein. Die Überbelegung ist zur Zeit auf ca. 110 % heruntergefahren worden. Allerdings ist dies auch dadurch geschehen, dass Einzelhafträume und Gruppenleiter-/Sozialarbeiterräume zu Mehrfachbelegungshafträumen umgewidmet wurden. Dadurch entsteht eine höhere Belegungskapazität, und rein statistisch sinkt die Überbelegung[11]. Die Zustände allerdings haben sich nicht geändert. Fatal ist vor allem, dass die Aufstockung auf Mehrfachbelegung vor allem im sog. „behandlungsorientierten Wohngruppenvollzug" vorgenommen worden ist, dem einzigen Bereich in der JVA Tegel, von dem aus eine realistische Chance auf Vollzugslockerungen und Verlegung in den offenen Vollzug besteht. Gleichzeitig ist die Anzahl der Sozialarbeiter, sog. Gruppenleiter, die für nahezu alle wichtigen Zukunftsentscheidungen der Inhaftierten die erste Anlaufstelle sein sollen, verringert worden. Gab es beispielsweise in einer Teilanstalt früher für jede Station einen zuständigen Gruppenleiter, ist, wenn keiner der Bediensteten krank oder im Urlaub ist, nunmehr für jeweils zwei Stationen mit Doppelbelegung ein Sozialarbeiter für die Inhaftierten da. Der faktische Betreuerschlüssel hat sich in diesen Bereichen damit circa auf ein Viertel reduziert – hinzu kommt ein hoher Krankenstand im Personal. Auf einen Termin müssen Inhaftierte oft lang, mitunter Monate warten. Stellungnahmen, etwa zur Frage von Reststrafenaussetzungen oder Vollzugslockerungen, fallen oft kurz, ablehnend und nach Aktenlage aus. Die teilweise engagierten Sozialarbeiter resignieren vor Arbeitsüberlastung. In den nun leer stehenden Gruppenleiterräumen sind drei bis vier Gefangene untergebracht. Wer nicht in seine Mehrfachbelegung „einwilligt", bleibt im „nicht drogenarmen Regelvollzug" – hier in der Regel bis zum Strafende.

Ein weiteres Beispiel gibt die Unterbringung in der Teilanstalt I der JVA Tegel. Dieser alte Backsteinbau ist das sog. Zugangshaus der JVA Tegel. Die meisten Hafträume hier weisen eine Größe von 5,3 qm inklusive Waschbecken, WC, Bett, Schrank und Schreibtisch auf. Die Wände sind schmutzig. Der Putz bröckelt. Die Fenster sind klein. Eigentlich sollte eine Belegung hier nicht länger als 1-2 Monate dauern. In der Regel dauert der Aufenthalt länger, in belegbaren Einzelfällen sogar bis zu einem Jahr und länger. Diese

---

[11]Statistisches Bundesamt; Bestand der Gefangenen und Verwahrten i.d. deutschen Justizvollzugsanstalten am 31. August 2008 und am 31.03.2003; in den letzten fünf Jahren hat sich in Berlin die Belegungsfähigkeit im geschlossenen Männervollzug (einschl. Jugendstrafen und Sicherungsverwahrung) um 308 Haftplätze erhöht, eine tatsächliche bauliche Erweiterung fand hingegen nur bzgl. ca. 35 Haftplätzen statt.

menschenunwürdigen Haftbedingungen waren Teil vieler Verfahren vor den Strafvollstreckungskammern in Berlin. In einer Grundsatzentscheidung hat das Kammergericht 2007[12] entschieden, dass eine solche Unterbringung – jedenfalls über 3 Monate lang – weder gegen gesetzliche Vorschriften verstößt, noch menschenunwürdig ist.Die Senatsverwaltung sei zwar gehalten, diese Zustände umgehend zu beenden. Rechtswidrig sei eine derartige Inhaftierung nicht. So hat das Kammergericht unter anderem ausgeführt:

> *„Jeweils anhand des konkreten Falles muss bewertet werden, ob der Mensch einer Behandlung ausgesetzt wird oder worden ist, die seine Subjektqualität prinzipiell in Frage stellt. Die Behandlung des Menschen durch die öffentliche Hand muss die Verachtung oder Missachtung des Wertes, der dem Menschen kraft seines Personalseins zukommt, ausdrücken. Auf bedrückende Haftbedingungen trifft dieses Unwerturteil noch nicht zu, wenn sie sich lediglich als gesetzeswidrig, unzweckmäßig oder ‚schäbig' darstellen. ...*
>
> *Die Menschenwürde ist durch die Zuweisung eines deutlich zu kleinen Einzelhaftraums erst dann verletzt, wenn der Gefangene keine Möglichkeit zum Ausschreiten mehr hat oder sich in ihm aufhalten muss, ohne je sich außerhalb der Freistunde ‚die Beine vertreten' zu können, also wenn er dort 23 Stunden unter Verschluss ist."*

Die Verteidigung hatte in der Rechtsbeschwerde zutreffend darauf hingewiesen, dass sämtliche gesetzlichen Regelungen für Mindestraumgrößen größere Flächen vorschreiben, wie etwa für Wohnheime und Arbeitsräume. Selbst Tierschutzgesetze würden im Verhältnis mehr Raumbedarf konstatieren, als dies in der JVA Tegel für Menschen der Fall wäre. Darauf reagierte das Kammergericht wie folgt:

> *„Eine solche Verordnung* [über die Haftraumgröße; Anm. S. Sch.] *ist seit Inkrafttreten des Strafvollzugsgesetzes am 1. Januar 1977 durch den Bundesgesetzgeber nicht erlassen worden. ...*

---

[12] Vgl. KG, B. v. 25.09.2007, -2/5 Ws 189/05 Vollz-

Auch der Landesgesetzgeber hat die Rechtsverordnung nicht geschaffen. Dieser Rechtszustand kontrastiert auffällig zu der oft minutiösen Regelung, die der Gesetzgeber denjenigen Raum- und Flächenmaßen hat angedeihen lassen, deren Beachtung, Herstellung überwiegend Privaten obliegt – wie Wohnräumen in Wohnheimen, Arbeitsräumen, Tiergehegen (vgl. etwa § 6 Tierschutz-Hundeverordnung), Krankenzimmern etc. -, worauf der Verteidiger zutreffend hingewiesen hat. Das ändert aber nichts daran, dass es eine entsprechende gesetzlich festgelegte Mindestgröße nicht gibt. Vorschriften aus anderen Rechtsgebieten lassen sich nicht – auch nicht in entsprechender Anwendung übertragen."

Trotz der Ermahnung des Kammergerichts, diese nach seiner Auffassung schäbigen, aber nicht menschenrechtswidrigen Zustände zu ändern, ist die Teilanstalt I nach wie vor in Betrieb und mit in der Regel länger als 3 Monate andauernden Unterbringungen belegt. Änderungen sind auf Dauer nicht in Sicht.

Gleichzeitig wurde in der JVA Tegel in diesem Jahr der Neubau eines weiteren High-Tech-Sicherheitszaunsbeendet. Der über 5 Meter hohe Zaun ist mit Bewegungsmeldern und Kameras ausgestattet und steht nun zusätzlich vor der für eine Flucht ohnehin schier unüberwindlichen Gefängnismauer. Zuletzt wurde der neue High-Tech-Zaun noch durch das SEK getestet. Die Investitionen für den Zaun bewegten sich im Millionenbereich.

c) Mangelnde medizinische Versorgung

Auf die ca. 1.700 Inhaftierten der größten JVA Deutschlands (Tegel) kommen 3 ½ Stellen für Ärzte. Liegt kein akuter Notfall vor, müssen erhebliche Wartezeiten in Kauf genommen werden. In der JVA Tegel gab es allein im letzten Jahr mehrere Todesfälle. So kippte ein Inhaftierter während des Gottesdienstes um und starb. Zwei weitere Inhaftierte starben aus bislang nicht bestätigten Umständen. Inoffiziell und in der Presse ist von Hitzetoten in den alten und schwer lüftbaren Haftträumen die Rede.

Insbesondere auch die Behandlung von Suchterkankungen entspricht laut einer externen, vom Berliner Vollzugsbeirat eingeholten Expertise eines

Substitutionsarztes in etwa dem Stand der 80er Jahre. Dazu ein Beispielfall:

Herr S. ist zu einer lebenslangen Freiheitsstrafe verurteilt. Er hatte zur Finanzierung seiner Heroinsucht einen Raubmord begangen und sitzt nun seit über 20 Jahren in Haft, im Regelvollzug, im sog. „nicht drogenarmen Bereich" der JVA Tegel. Er spritzt sich seit seiner Inhaftierung Heroin, bzw. das, was ihm in der JVA mit vielen Nebenstoffen als Heroin verkauft wird. Herr S. ist an einer Aufarbeitung seiner Suchtproblematik interessiert. Er schafft es jedoch nach über 25 Jahren Abhängigkeit nicht, aus eigenem Antrieb von der Droge weg zu kommen. Eine Zurückstellung der Strafe nach § 35 BtMG zur Durchführung einer Drogentherapie kommt aufgrund der lebenslangen Restfreiheitsstrafe nicht in Betracht. Substitutionsbehandlung im geschlossenen Vollzug wird ihm verwehrt. Eine solche wäre laut Angaben der JVA nur ausnahmsweise im offenen Vollzug möglich. Dafür müsse Herr S. jedoch erst einmal die Voraussetzungen erfüllen – an erster Stelle durch regelmäßige Urinkontrollen seine Drogenabstinenz nachweisen. Auf mehrfaches und energisches Drängen erst wurde Herr S. überhaupt durch die Anstaltsärztin daraufhin untersucht, ob eine Substitution medizinisch indiziert sei. Die Antwort der Ärztin war verblüffend einfach: Herr S. solle einfach aufhören, Drogen zu nehmen. Eine solche Entscheidung könne jeder Mensch für sich treffen. Herr S. konsumiert seitdem weiter. Er hat resigniert. Eine Entlassung kommt vor allem aufgrund der auf die Sucht zurückzuführenden negativen Sozial- und Legalprognose nicht in Betracht.

Bedrohlich scheint auch die Anzahl der Suizide vor allem in der Untersuchungshaft. So verfügt die für den erwachsenen Männervollzug der Untersuchungshaft in Berlin zuständige JVA Moabit mit ca. 1.106 Haftplätzen gerade einmal über 2 ½ Stellen für Psychologen sowie 2 Konsiliarärzte für jeweils einen Tag pro Woche. Die Reaktion der Senatsverwaltung auf die Kritik vor allem der Strafverteidiger an den gestiegenen Suizidzahlen war, dass seit 2007 schlicht keine Zahlen über Suizide mehr veröffentlicht werden.

2. Weggeschlossen bis zur Endstrafe

Die Überbelegung der Haftanstalten ist zumindest teilweise auch hausgemacht. Die Strafvollstreckungskammern in Berlin sehen, gestützt durch das Kammergericht, vor einer möglichen bewährten Reststrafenentlassung eine umfangreiche Erprobung in Vollzugslockerungen und bestenfalls auch im offenen Vollzug als notwendige Voraussetzung an, die nur in sehr wenigen Ausnahmefällen abdingbar ist. Viele neue Strafvollzugsgesetze der Länder, etwa Hamburg und Bayern, sehen den geschlossenen Vollzug schon als die Regel vor. Vollzugslockerungen sollen nur noch ausnahmsweise gewährt werden. Die Rechtslage in Berlin sieht zwar den offenen Vollzug als die Regel und Vollzugslockerungen als Behandlungsmaßnahme vor. Die Praxis steht dem jedoch konträr gegenüber. Zeitnahe Entscheidungen über Vollzugslockerungen, insbesondere vor dem 2/3-Zeitpunkt aus dem geschlossenen Vollzug, stellen die Ausnahme dar. Offensichtlich will niemand, auch durch tendenziöse Medienberichterstattung bedingt, dafür die Verantwortung übernehmen. Dazu kommen floskelhafte und pauschale Ablehnungsbegründungen. Nicht selten erhält man telefonisch die Antwort, wenn man mit der Versagung nicht einverstanden sei, solle man doch klagen. Wenn die Strafvollstreckungskammer die Verantwortung übernimmt, könne man ja mal sehen.

Vollzugslockerungen verursachen Arbeit und sind immer mit einem Restrisiko verbunden. Sie werden nach unserer Auffassung von vielen Entscheidungsträgern eher als ein nach Möglichkeit abzuwehrendes Übel als eine sinnvolle Behandlungsmaßnahme gesehen. Dies gilt in besonderem Maße bei Langzeitinhaftierten, insbesondere Lebenslangen und Sicherungsverwahrten aber auch und gerade bei ausländischen Gefangenen ohne Aufenthaltsstatus.

Ein paar besonders prägnante Beispiele zur Verdeutlichung:

Herr K. wird nicht zu Vollzugslockerungen zugelassen, weil er unzureichend an seiner Straftataufarbeitung mitarbeite. Die Unzulänglichkeiten werden damit begründet, dass er sein letztes Urteil, einen Freispruch, „nicht aufarbeiten" will.

Herr Si. ist 72 Jahre alt und hat von 10 Jahren Freiheitsstrafe bereits 7

Jahre verbüßt. Er wird als vereinbarungsfähig beschrieben, leistet stets korrekte Arbeit, obwohl er bereits im Rentenalter ist. Vollzugslockerungen werden ihm verwehrt, weil eine „ausreichende Aufarbeitung von Persönlichkeitsdefiziten noch nicht erkennbar ist, woraus Missbrauchsbefürchtungen resultieren würden". Worin diese Persönlichkeitsdefizite bestehen, wird nicht ausgeführt. Eine Verlegung in den offenen Vollzug oder die Sozialtherapeutische Anstalt käme, so die JVA, aufgrund seines Alters nicht in Betracht. Die Strafvollstreckungskammer lehnte – sachverständig beraten – eine Reststrafenaussetzung mit der Begründung ab, dass Herr Si. noch nicht in Vollzugslockerungen erprobt und damit nicht sicher beurteilbar sei. Woran die mangelnde Erprobung liege, sei irrelevant. In einem weiteren Verfahren hat die Strafvollstreckungskammer nunmehr nach circa einem Jahr Verfahrensdauer entschieden, dass die Verwehrung von Vollzugslockerungen und die Versagung der Verlegung in den offenen Vollzug eindeutig rechtswidrig sind. An der Situation von Herrn Si. ändert sich dadurch nichts, denn die JVA weigert sich, die Vorgaben des Gerichts umzusetzen. Mittel, die JVA zur Umsetzung des Gerichtsbeschlusses zu zwingen, sieht das Gesetz für Herrn Si. nicht vor.

Herr G. ist zu lebenslanger Haft verurteilt und sitzt bereits 15 Jahre bei einer Mindestverbüßungsdauer von 18 Jahren ein. Er ist schwer erkrankt, kann sich keine 50 Meter ohne Hilfe bewegen, ist nahezu blind, die „Faustschlagprobe" falle nur ganz schwach aus, wie ein medizinisches Sachverständigengutachten bestätigt. Vollzugslockerungen, die ohnehin nur begleitet mit dem Rollstuhl vorgenommen werden könnten, werden ihm mit der Begründung versagt, dass er Ausgänge zu Gewalttaten missbrauchen könne, zudem wären sie ohnehin „verfrüht", der Verteidiger (also ich) „ignoriere die Tatsache der Mindestverbüßungsdauer".

Herr Sch. hat sich selbst im offenen Vollzug gestellt. Er wurde wegen BtM-Handels verurteilt und wurde nach besonders gründlicher Prüfung für den offenen Vollzug und für den Freigang als geeignet befunden. Er hatte einen Job, eine gute Anbindung zur Familie und ist gerade Vater geworden. Im Rahmen eines gesonderten Verfahrens gegen einen früheren Mittäter vor der großen Strafkammer in Berlin berief er sich, wie die Kammer feststellte, zu Recht auf sein Auskunftsverweigerungsrecht nach § 55 StPO, weil nicht auszuschließen sei, dass er durch sein damaliges Geständnis zu Unrecht seinen Mittäter mitbelastet hätte. Darauf wurde er in den geschlossen Vollzug verlegt. Sämtliche Vollzugslockerungen wurden widerrufen. Zur Begründung wurde auf die (zulässige) Auskunftsverweigerung von Herrn Sch. verwiesen, die seine „Nähe zur organisierten Kriminalität" offenbare. Der Bescheid ist nach einem Antrag gemäß § 109 StVollzG und der Intervention der Strafvollstreckungskammer zwar zurückgenommen worden. Dennoch führte die Verlegung zu einem dreimonatigen Aufenthalt im geschlossenen Vollzug und zum Verlust des Arbeitsplatzes, Vollzugslockerungen wurden erst wesentlich später wieder gewährt.

3. Die JVA als rechtsfreier Raum

Obwohl eigentlich davon ausgegangen werden müsste, dass die Möglichkeiten des effektiven Rechtsschutzes für Gefangene in besonderem Maße gelten müssten, da sie sich in einem besonderen ungleichgewichtigen Gewaltverhältnis befinden, ist in der Praxis das Gegenteil der Fall. Das Verfahren nach § 109 StVollzG bringt in der Regel, da es sich zumeist um angefochtene Ermessensentscheidungen der JVA handelt, nur einen Bescheidungstenor, den die JVA mit dem gleichen Ergebnis und neuer Begründung erledigen kann, wenn sie sich überhaupt an die Entscheidung der Strafvollstreckungskammer hält. Gesetzliche Möglichkeiten für Gefangene, die Vollziehung rechtskräftiger Entscheidungen gegen die JVA zu erreichen, existieren nicht.

Gleichzeitig dauern die Verfahren vor den Strafvollstreckungskammern, selbst im Eilverfahren, unverhältnismäßig lang, was auch an der schleppenden Bearbeitung der Stellungnahmen durch die Justizvollzugsanstalten liegt. Nicht selten muss man davon ausgehen, dass eine gewisse Verschleppungstaktik zum Kalkül der Anstalt gehört.

Beispielsweise ist gerade in zwei von mir bearbeiteten Fällen durch die Strafvollstreckungskammer entschieden worden, dass Entscheidungen der JVA über die Verwehrung von Vollzugslockerungen rechtswidrig gewesen wären und die Inhaftierten neu zu bescheiden seien – nach 8 bzw. 10 Monaten. Bis dahin hatte die JVA mehrfach versucht, die Inhaftierten zur „Zurücknahme ihrer Klage" zu bewegen. In einem Fall vermerkte die Anstalt schriftlich, dass das Beharren des Inhaftierten auf seiner (später gewonnenen) „Klage" unproduktiv sei und ihn an einem Fortkommen im Vollzug „nur hindere". Besonders ungünstig wurde das Verhalten des (engagierten) Vollzugshelfers gewertet, der dem Inhaftierten aufgrund seiner (nunmehr festgestellt) rechtswidrigen Vollzugsplanfortschreibung riet, einen Anwalt einzuschalten und gerichtlich dagegen vorzugehen. Nach 12 Jahren Vollzug der lebenslangenFreiheitsstrafe sollte der Vollzugshelfer dem Inhaftierten, so die Anstalt, doch nicht solche „Flausen", wie seine absehbare Entlassung oder Verlegung in den offenen Vollzug in den Kopf setzen.

In einem anderen Verfahren klagte der Inhaftierte Herr O. über heftige Zahnschmerzen, die auch ärztlich bestätigt wurden. Der Anstaltsarzt meinte jedoch, eine Behandlung wäre nur durch das Ziehen der meisten Zähne möglich – die gleichzeitige Finanzierung einer Prothese könne jedoch nicht zugesichert werden. Da Herr O. nicht zahnlos entlassen und auf Jobsuche gehen wollte, beantragte er eine einstweilige Anordnung bei der Strafvollstreckungskammer auf Zahnbehandlung. Trotz der erheblichen Zahnschmerzen entschied die Strafvollstreckungskammer über den (Eil-)Antrag von Herrn O. erst nach 11 Monaten und auch erst nachdem Herr O. mich nach über 10 Monaten des Wartens und Schreibens als Anwalt eingeschaltet hatte.

Ein letzter wesentlicher Mangel an effektivem Rechtsschutz ist die mangelnde Finanzierbarkeit anwaltlicher Hilfe. Das Verfahren nach § 109 StVollzG dürfte rechtlich durchaus komplex und für den durchschnittlichen Inhaftierten nicht überschaubar sein. Rechtsmittelbelehrungen werden im Übrigen in Berlin von den Anstalten in der Regel nicht ausgegeben. Gleichzeitig werden die Streitwerte von den Strafvollstreckungskammern derart niedrig angesetzt, dass eine seriöse anwaltliche Vertretung auf Prozesskostenhilfebasis schlicht nicht möglich ist. Demnach ist Rechtsschutz von Inhaftierten, wenn überhaupt, regelmäßig ein Privileg der finanziell Bessergestellten.

Soweit ein kurzer Aufriss der wichtigsten Diskussionspunkte und einiger konkrete Fallbeispiele aus Sicht des Arbeitskreises Strafvollzug der Berliner Strafverteidigervereinigung.

Konkrete Haftbedingungen – aus Sicht eines JVA-Leiters

Karl-Heinz Bredlow

In diesem Forum zu diesem Thema „Knastalltag" ein Statement aus Sicht eines Anstaltleiters abzugeben und dabei nicht vielfältige Erwartungen enttäuschen zu müssen, fällt mir nicht ganz leicht.

Zuviel dürfte von Vorrednerinnen und -rednern schon bisher an Kritischem und vermutlich schwer Widerlegbarem gesagt worden sein, zu wenig dürfte es an neuen Argumenten geben, die dieses Auditorium in seiner von mir vermuteten Grundhaltung vielleicht erschüttern könnten. Und wenn es sie denn geben sollte – wovon ich persönlich ausgehe –, dann weiß ich nicht, ob Sie in mir als wohl einzigem in direkter Verantwortung für Haftbedingungen stehenden Podiumsgast den geeigneten Übermittler solcher Botschaften sehen können.

I.

Damit Sie wissen, welche Biographie mich in die Situation gebracht hat, trotz mancher Zweifel gerne ihrer Einladung Folge zu leisten, darf ich meinen Weg in den Strafvollzug kurz skizzieren.

Einige meiner Vorredner haben mir vor Augen geführt, wie verschieden bei ähnlicher Ausgangslage frei und weniger frei gewählte Wege aus den gemeinsam erkannten Dilemmata sein können. Das Unbehagen am Zustand des Rechtssystems – und damit dem Kernbereich eines jeden demokratischen Staates – hatte in den 60er Jahren des vergangenen Jahrhunderts viele erfasst. Frau Bahl, Herr Pollähne und Herr Jünschke haben darauf hingewiesen.

Ich habe in den Jahren 1968-1972 in Göttingen Jura studiert. Die Georg-August-Universität war damals ein – aus heutiger Sicht fast schon symbolhaftes – Zentrum für neue Ideen und wissenschaftliche Praxis im

Bereich des Strafrechts, der Kriminologie, aber auch – und das war für juristische Fakultäten damals nicht so normal – des Strafvollzugsrechts und des Jugendrechts. Professor Roxin hatte maßgeblich an der Erstellung des Alternativentwurfs für das Strafgesetzbuch der BRD mitgewirkt und auch die Diskussion über „Sinn und Grenzen staatlicher Strafe" neu belebt. Professor Schüler-Springorum veröffentliche und lehrte zum Thema „Strafvollzug" und zwar nicht dogmatisch, sondern sehr praktisch: *Was stimmt nicht mit dem Strafvollzug?* Von dieser Frage ausgehend veröffentlichte er zusammen mit Roxin, Quensel und weiteren den damals vielbeachteten, aber letztlich zunächst folgenlosen „Alternativ-Entwurf eines Strafvollzugsgesetzes". Professor Gschwind lehrte und handelte zugleich in Bad Gandersheim über und in erste(n) Formen sozialtherapeutischer Einrichtungen.

Eine besondere Stellung nahm auch der tief in die nationalsozialistische Strafrechtsdebatte verwickelte Professor Schaffstein ein, der sich in seinem zweiten wissenschaftlichen Leben engagiert mit Problemen und Bedeutung des Jugendrechtes, auch des Jugendvollzuges auseinandersetzte. Die von ihm in seinem „ersten Leben" noch vehement bekämpften Ansätze liberalen Jugendrechts in der Weimarer Republik erlebten nun in seiner Darstellung eine Auferstehung eigener Art. Seminare dieser Professoren brachten mich in ersten Kontakt mit dem realen Strafvollzug, die vorhin erwähnte JVA Celle ist mir von daher noch sehr deutlich als ein „Ort gemäßigten Schreckens" in Erinnerung.

Es war diese besondere, weil zeitgleiche Auseinandersetzung mit verfassungsrechtlichen Grundfragen (die Debatte um die Verfassungswidrigkeit des seit 1949 nicht auf der erforderlichen gesetzlichen Grundlage befindlichen Strafvollzuges der BRD lief gerade!), neuer Strafrechtsdogmatik und den sich – anders als heute – aktiv in die Politik einmischenden wissenschaftlichen Initiativen (die Alternativprofessoren und ihr Gesetzesentwurf), die mich, zusammen mit den mahnenden Beispielen von fehlgeleitetem Idealismus oder willfähriger Systemanpassung immer mehr auf den Weg hinein in das mich bis heute beschäftigende System des Strafvollzugs und seiner Reform brachten.

Ich habe die Zeit nach dem Studium, die 70er Jahre des vergangenen Jahrhunderts in Berlin verbracht. Meine Referendarzeit führte mich in alle Bereiche des Vollzugssystems. Ich wurde in einer vollzuglich turbulenten Zeit begeisterter „Vollzugshelfer" in der damaligen Jugendanstalt Plötzensee, ich lernte einerseits die Zwänge und das Beharren der Verwaltung in der Senatsverwaltung für Justiz von innen und andererseits auch in damals wie heute noch sehr engagierten Rechtsanwaltskanzleien von außen die Mühen der juristischen Systemverbesserung mittels Anträgen und Rechtsbeschwerden kennen. Die erste Erfahrung mit der scheinbar absoluten Unmöglichkeit, mit einer Beschwerde über Haftbedingungen der JVA Moabit auch nur einen klitzekleinen Teilerfolg zu erzielen, hat mich lange und vielleicht nachdrücklich geprägt.

Einen vertretbaren Sinn der Strafe konnte es in einem Rechtsstaat schon geben, das hatte ich von Roxin gelernt, sich für verfassungsgemäße Haftbedingungen einzusetzen, das lehrten mich Schüler-Springorum und Co, dass Jugend ein Alter ist, bei dem eine besondere Verpflichtung für günstige Rahmenbedingungen besteht, das war Schaffsteins und Gschwinds Erfolg – und wie schwierig das sein konnte, das lehrten mich die JVAen Westberlins und die erwähnten Rechtsanwaltskanzleien.

Seit 1981 versuche ich, diesen eigenen Ansprüchen in der Leitung der Jugendanstalt Iserlohn gerecht zu werden, d.h. für einen kleinen Teilbereich der heute hier diskutierten Haftbedingungen bin ich auch persönlich mitverantwortlich.

II.

Vergangene Woche feierte eine andere, viel ältere und größere Jugendanstalt in NRW ihren 125., wenige Monate zuvor die größte westfälische Anstalt des geschlossenen Erwachsenenvollzuges ihren 100. Geburtstag. Beide Einrichtungen werden heute sicher ganz anders geführt und strukturiert als in ihrer Gründungsphase, und doch: bei der Lektüre von Festschriften, beim Gang durch diese beiden exemplarischen Einrichtungen, noch mehr aber bei der kritischen historischen Lektüre scheinbar simplen Regelwerks sind mir

Verlaufslinien aufgefallen, die viele von Ihnen sicher nie bezweifelt haben, mich als eher systemkonformenBeamten aber doch mehr denn je nachdenklich stimmen.

Es ist diese scheinbar ungebrochene Tradition des Konstrukts Strafvollzug, der in all seinen Änderungen und Reformen nie seinen inneren Kern verloren hat: eine nach Außen abgeschottete, nach Innen reglementierende und ausgrenzende bürokratische Institution zu sein, die Menschen in ihrer buchstäblich nackten unmittelbaren Existenz verwaltet und beeinflussen will. Vor diesem Hintergrund hatte ich Ihnen in der erbetenen Lektüreempfehlung für den Tagungsreader u.a. auch Guido Britz' Aufsatz „Strafe und Schmerz – eine Annäherung" (in: Grundfragen staatlichen Strafens, Festschrift für Heinz Müller-Dietz zum 70. Geburtstag, hrsg. von Heike Jung, Guido Britz u.a., München 2001) empfohlen, aus dem ich zitieren möchte:

„Das ernüchternde, vielleicht auch überraschende Resümee am Ende muss daher lauten, dass der Schmerz in Verbindung mit Strafe und Strafvollzug als Konstante nachweisbar ist. Wenn der Umgang einer Gesellschaft mit ihren Straftätern den Prüfstein für das von ihr erreichte Zivilisationsniveau darstellt, wirkt dies sicherlich decouvrierend oder gar brüskierend. Denn allgemein glaubt man, Aggressionen überwunden zu haben und möchte selbstverständlich in humanistisch-aufgeklärter Tradition die grundsätzliche Tabuisierung der Persönlichkeit des Delinquenten für sich in Anspruch nehmen. Gewiss bestehen gravierende qualitative Unterschiede zwischen dem peinlichen Strafrecht und den Anfängen des Strafvollzugs einerseits sowie dem heutigen Strafensystem und dem modernen Strafvollzug andererseits. Auch ist einzuräumen, dass das physische Leiden, der körperlich empfundene Schmerz, nicht mehr das wesentliche Element der Strafe bildet. Es trifft ferner grundsätzlich zu, dass die Strafe in ihrer sanktionierenden Funktion humanisiert ist. Zum einen werden mit einer Bestrafung körperliche oder seelische Leiden nicht unmittelbar im Sinne von Peinigung und öffentlicher Inszenierung intendiert. Zum anderen haben Schmerzen beziehungsweise Leiden, wenn sie auftreten, nicht eine solche Qualität, dass sie einen Vergleich mit der Hinrichtung Damiens zuließen. Von daher müssen Abstufungen berücksichtigt werden.

Wenn heute von Strafe und Schmerz die Rede ist, geht es somit vor allem um seelische Leiden. Zudem ist nicht jede Erscheinungsform von Strafe betroffen, sondern nur die gewöhnlich (noch) in Gefängnissen vollzogene Freiheitsstrafe. Die Diskussion um die (lange) Freiheitsstrafe, deren Verzichtbarkeit und deren Alternativen sowie die Debatte um die Zukunft des Strafvollzugs können hier indessen nicht aufgegriffen werden. Dennoch mag der eingenommene Blickwinkel für bestimmte Problemfelder sensibilisieren. Oder pessimistisch gewendet: Von einem in jeder Beziehung sozialkonstruktiven Strafsystem des Körperlosen sind wir noch um etliches entfernt." (a.a.O. S. 97 ff)

Ob dies möglich ist, ein „in jeder Beziehung sozialkonstruktives Strafsystem des Körperlosen" zu schaffen, ob dies ein unlösbarer Widerspruch in sich ist oder ob es doch Wege zur Minimierung dieses Widerspruchs gibt, darüber wird zu diskutieren sein – auch und geradenit Ihnen, bei denen ich von Fachkenntnis, aber auch einem hohen Maß an Skepsis diesem Versuch gegenüber ausgehe. Dass der Weg nie leicht sein wird, das habe ich in den Jahrzehnten meiner Tätigkeit im Vollzug sehr oft gemerkt, gar nicht immer nur bei den sog. „großen besonderen Vorkommnissen".

Zufällig habe ich bei Aufräumarbeiten das „Merkheft für Aufsichtskräfte bei den Justizvollzugsanstalten des Landes NRW" vom 15.1.1948 gefunden. Vieles darin wirkt heute längst überholt, die Sprache des aktuellen Werkes ist pädagogischer, freundlicher und verschleiernder geworden, die Regelungen sind aber – wenn sie auf ihren Kern reduziert werden – eigentlich unverändert geblieben : „Sei fest, klar und freundlich, achte den Gefangenen" –, aber sei gleichzeitig ständig auf der Hut vor ihm, denn „Unbedachtes Vertrauen ist nicht zu verantworten!", da auch heute noch der Gefangene in erster Linie „potentiell immer Fluchtabsichten hat" (so die aktuelle Ausgabe des auch äußerlich format- und umfanggleichen Heftes!).

Wie sieht es also heute konkret aus in unseren von „Wachsamkeit" geprägten Häusern?

III.

Im Jahr 2005 besuchte eine Delegation des „Europäischen Ausschusses zur Verhütung von Folter und unmenschlicher oder erniedrigender Behandlung oder Strafe" Jugendhaftanstalten in der BRD. Sie besuchte dabei auch eine Jugendstrafanstalt, in der sich einige Jahre zuvor ein dem aktuellen Ereignis in der JVA Siegburg vergleichbarer Vorfall ereignet hatte. Die Kommission kommt in ihrem Bericht zu dem Ergebnis, dass „die Zustände in den besuchten Jugendanstalten weiterhin unzureichend" seien. Unterbringung, Überbelegung, geringe Personalstärke und fehlende Bemühungen zur Verhinderung gewaltsamer Übergriffe der Gefangenen untereinander seien weiterhin die Hauptursache für diese Mängel. Dieser Bericht wird in der Politik, aber auch in den Medien kaum zur Kenntnis genommen, lediglich die unverdrossene Deutsche Vereinigung für Jugendgerichte und Jugendgerichtshilfen (DVJJ) weist im April des Jahres 2007 mahnend auf ihn hin.

Wie der Vollzug von Jugendstrafe aussehen sollte oder besser auf der Grundlage unserer Verfassung aussehen muss, dass konnte die Bundesregierung und Legislative allerdings schon einen Monat vorher erfahren. Da verkündete das Bundesverfassungsgericht in seiner Entscheidung 2 BvR 1673/04 und 2402/04, dass der Jugendstrafvollzug innerhalb einer sehr knappen Frist verbindlich und verfassungsgemäß neu einzurichten und zu gestalten ist. Dieses Urteil zeigte Mängel und Versäumnisse in Praxis und legislativer wie exekutiver Organisation des Jugendvollzuges in einer ungewöhnlich deutlichen Form auf. Alle Verantwortlichen in Politik und Exekutive beeilten sich daraufhin, möglichst als erste zu versichern, dass man eigentlich dies schon immer habe machen wollen, was das Verfassungsgericht jetzt verlange. – Aber warum dann erst jetzt?

Meine ersten vorhin erwähnten beruflichen Erfahrungen mit dem Bereich Strafvollzug, insbesondere des Jugendvollzuges bestätigten sich hier.

Die Reform dieses Rechtsgebiets ist – sowohl in der Theorie als auch in der im Vergleich zu anderen Rechtsgebieten viel wichtigeren Praxis – sehr selten, fast nie von den staatlichen Verfassungsorganen der Legislative und Exekutive selbst ausgegangen. Es waren Einzelpersonen und Politiker wie z.B. der ehemalige NRW-Justizminister Neuberger, es waren die vorhin erwähnten Universitätsprofessoren und unter ihnen besonders die „Praktiker" wie Max Busch und Alexander Böhm, es waren Denkschriften der Kirchen, die zu Denkanstößen und manchmal auch zu echten Reformansätzen führten.

Es war und ist aber vor allem das Bundesverfassungsgericht, das in mehreren Vorentscheidungen seines Zweiten Senats zu erkennen gegeben hatte, dass es gerade im Bereich des Jugendvollzuges bloß auf eine Gelegenheit zum Tätigwerden warten würde.

IV.

Käme allerdings die Delegation des Europarates in diesen Tagen nach NRW, würde sie inzwischen eine aus meiner Sicht in wichtigen Bereichen doch wesentlich verbesserte Realität des Jugendvollzuges zumindest der äußeren Haftbedingungen feststellen:

Vergangenes Jahr waren in der Jugendanstalt Iserlohn, die insoweit beispielhaft für alle anderen Jugendanstalten in NRW gelten soll, die 242 dort belegbaren Haftplätze im geschlossenen Vollzug noch mit insgesamt 293 jungen Gefangenen belegt, d.h. es gab eine sogenannte Überbelegung von insgesamt 51 inhaftierten Menschen!

Der Jugendvollzug war die am stärksten vom Überbelegungsproblem getroffene Vollzugsform. Überbelegung klingt leicht so rein abstrakt-technisch, es heißt aber ganz konkret, dass im Jahr 2007 viele inhaftierte Menschen in einem einzigen Raum zusammengedrängt leben, d.h. auch schlafen und essen müssen, der keinen wirklich abgetrennten Sanitärbereich, d.h. schlicht und einfach keine Toilettentür enthält!

Das ist so evident unwürdig, dass spitzfindige Diskussionen über „eventuelle, vorübergehende und daher doch noch so gerade zumutbare Beeinträchtigungen" in einem Rechtsstaat eigentlich gar nicht geführt werden dürften.

Seit dem Inkrafttreten des Jugendstrafvollzugsgesetzes NRW am 01.01.2008 ist die Überbelegung im Jugendvollzug NRW und damit auch in Iserlohn abgeschafft – ein wirklicher Meilenstein in der Vollzugsgeschichte!

Damit haben sich die äußeren Haftbedingungen tatsächlich in einer Form positiv verändert, die bei vielen Praktikern, auch bei mir, Hoffnung auf mehr – zumindest im Jugendvollzug – auslösen könnte.

V.

Das Gesetz ist zwar neu, die beschriebene Aufgabe des Jugendvollzuges allerdings ist wesentlich älter: Bis heute unverändert gültig steht seit dem 4. August 1953 in § 91 des Jugendgerichtsgesetzes (JGG), dass der „Verurteilte durch den Vollzug erzogen werden soll, künftig einen rechtschaffenen und verantwortungsbewussten Lebenswandel zu führen"! Dieser Erziehungsauftrag ist festgeschrieben, einen weiteren Auftrag hat der – ja nur im Sinne des JGG legitimierte – Jugendstrafvollzug von der Legislative nicht erhalten!

Was Erziehung ist, wie sie gestaltet werden soll und kann, darüber wird damit über 50 Jahre lang im Jugendvollzug und in der dazugehörigen Fachwelt mal sehr intensiv, mal weniger deutlich gestritten. Einigkeit bestand und besteht aber zumindest in den Punkten, dass Erziehung Förderung des jungen Menschen bedeutet und damit die innere Haltung des Erziehens im Rahmen eines Erziehungsplanes oder Konzeptes in äußere Handlungen umgesetzt werden muss.

Vor diesem Hintergrund gestatten Sie mir bitte, dass ich die Vergangenheit etwas ausblende und lieber einige weitere Anmerkungen zu dem Jugendstrafvollzugsgesetz des Landes NRW und seinen möglichen Auswirkungen auf die dem Erziehungsziel dienenden Haftbedingungen machen möchte:

a)

Hervorzuheben ist zuerst die in dieser Zeit schon ganz wichtige, aber leider nicht selbstverständliche Grundausrichtung des Jugendstrafvollzugsgesetzes Nordrhein-Westfalen am Erziehungsziel überhaupt. Dieses Erziehungsziel, wie erwähnt mit § 91 Jugendgerichtsgesetz vorgegeben, ist für den verfassungskonformen Jugendvollzug unabdingbar. Erstaunlich ist es daher, dass in einigen Ländergesetzen selbstentwickelte oder dem Erwachsenenvollzug und dazu auch deutlich aus dem Bereich „Gefahrenabwehr" entliehene Zusatzaufgaben aufgenommen worden sind. Anders als im Erwachsenenvollzug hätte es sich hier angeboten, die eindeutige und abschließende Regelung des geltenden § 91 JGG zu übernehmen und die Strafzweckdiskussionen zumindest in dieser Vollzugsform endgültig zu beenden.

Der Vollzug muss hier aufpassen, dass durch diese Einfallstür nicht seine hermetische Abschottung von der Außenwelt herbeigeführt, aber genau dies durch die freundlichere Innenraumgestaltung der JVAen verdeckt wird.

b)

Die vorrangig anzustrebende Unterbringung der jungen Gefangenen in Wohngruppen sowie das differenzierte und erweiterte Angebot möglicher Vollzugslockerungen weist aus meiner Sicht gleichwohl in die richtige Richtung. Menschen in ihren Kommunikations- und Bewegungsmöglichkeiten über einen längeren Zeitraum einzuschränken und zu reglementieren, kann nicht Grundlage einer auf das Erlernen von Rechtstreue und angemessenem Sozialverhalten hin ausgerichteten Erziehung sein.

c)

Zu begrüßen ist aus meiner Sicht auch, dass im Jugendvollzug der eindeutige Schwerpunkt der Erziehungsarbeit in dem Bereich der schulischen und beruflichen Bildung gesehen wird. Hierauf haben sich alle pädagogischen Anstrengungen auszurichten, in der Gestaltung eines angemessenen und zielgerichteten Angebots liegt die große Gestaltungsaufgabe des Jugendvollzuges. An diese – in NRW erfreulich gute – Tradition kann mit dem Gesetzentwurf nahtlos angeschlossen werden.

Gleiches gilt auch für die im Erziehungsprozess besonders wichtige Aufgabe der engen Verzahnung der JVAen mit externen Bildungs- und Erziehungseinrichtungen nach – und soweit möglich auch vor – dem Jugendstrafvollzug.

Sie werden bei einem Besuch in etlichen Jugendanstalten merken: Dieser Bereich von Schule und Ausbildung ist tatsächlich auch bisher schon vorbildlich in Ausstattung und Programm gewesen, dort ist die Last der vermeidbaren und der unvermeidbaren Haftbedingungen in der Regel am geringsten ausgeprägt.

d)

Angebote aus dem Bereich von sozialpädagogischer, psychologischer bis hin zu psychiatrisch/medizinischer Betreuung, Behandlung und Therapie sind nach dem Gesetz ebenfalls mehr denn je zu entwickeln und – wo vorhanden – zu fördern.

Die JVA Iserlohn, die ich hier weiterhin als Beispiel für viele weitere Einrichtungen des Landes verstanden haben möchte, kooperiert schon seit längerer Zeit mit der Universität Dortmund und jetzt auch der Universität Köln. Die von den dortigen Lehrstühlen für die „Verhaltensgestörtenpädagogik" entwickelten und ausgeformten Modelle der sog. „Guten Schule" zeigen einen Weg, der weit über eine gelegentlich noch vertretene Trennung der Bildung in Unterricht/Ausbildung auf der einen und Freizeit etc.pp auf der anderen Seite hinausgeht. Nur ein gegenseitiges Durchdringen der pädagogischen Anforderungen und Leistungen in allen Bereichen einer pädagogisch orientierten Einrichtung kann nach deren und nunmehr auch ausdrücklich unserer Auffassung den angestrebten, idealiter nachhaltigen Erziehungserfolg ermöglichen.

Die Aussagen im Gesetz zu Schule, Ausbildung, Sozialen Hilfen, Therapie und Freizeit sind da ein Zeichen für den aus meiner Praxissicht richtigen Weg. Entscheidend wird es sein, diese Möglichkeiten in einem alle Abläufe der JVA prägenden Konzept festzuhalten und dieses dann natürlich auch umzusetzen!

e)

Zu diesem pädagogischen Ansatz passt allerdings nach meiner persönlichen Auffassung überhaupt nicht das gegenwärtige Modell des Schusswaffeneinsatzes im Jugendvollzug. Hierzu hatte die im Gesetzgebungsverfahren angehörte Landesvereinigung des höheren Vollzugs- und Verwaltungsdienstes

NRW Stellung genommen, ich darf zitieren:

„Der Schusswaffengebrauch im Jugendvollzug in §§ 88 ff GE wird trotz aller Diskussion ... kritisch gesehen. Auch der Hinweis in der Begründung zu den §§ 88 ff GE lässt sich nach unserer Auffassung mit dem Erziehungsgedanken nicht mehr in Einklang bringen. Der Hinweis auf § 178 StVollzG geht fehl, da dort in Abs. 4 ausdrücklich darauf hingewiesen wird, dass ‚namentlich beim Vollzug der Jugendstrafe' das Landesrecht weitere *Einschränkungen* beim Schusswaffengebrauch vorsehen kann. Der Rekurs auf das Strafvollzugsgesetz ist hier mithin nicht überzeugend. Der Hinweis auf den Rechtscharakter der UN-Empfehlung ist formal nicht zu beanstanden. Die Unterscheidung von unter und über 18-jährigen Gefangenen geht jedoch ebenfalls fehl. Nach geltendem Recht kann der 18- bis 21-jährige nach unserem Strafrecht einem Jugendlichen gleichgestellt werden. Wird er das infolge einer Verurteilung zur Jugendstrafe, dann muss für ihn auch grundsätzlich Sinn, Zweck und Wortlaut der dafür ergangenen Regelung gelten. Die durch eine gewisse, sonst im Gesetzentwurf nicht vorhandene martialische Sprache in der Begründung des Gesetzentwurfes deutlich werdende Haltung, dass die geltende Heranwachsenden-Regelung nicht sinnvoll sein soll, ist vielleicht politisch nachvollziehbar; sie entspricht aber weder der tatsächlichen Rechtslage noch kann das dort gezeichnete Bild vom unberechenbaren und brutalen, nur mit Schusswaffengebrauch noch in die Schranken zu weisenden jungen Gefangenen im Kontext des Gesamtentwurfs überzeugen." – Dem habe ich nichts hinzuzufügen.

f)

Die intensivere Einbeziehung aller Bediensteten in den Erziehungsprozess im Rahmen des vorhin zitierten Beispiels der „Guten Schule" wird aus meiner Sicht – neben der Reduzierung der Zahl der jungen Gefangenen auf die der Zweckbestimmung jeder Einrichtung zugrundeliegende Zahl der Gefangenen – der Lackmustest für das Gelingen des neuen Gesetzes werden. Gelingt diese Einbeziehung nicht im Wortsinn „überzeugend", dann wird der Anspruch des Gesetzes nur sehr schwer umzusetzen sein.

Das beinah zeitgleiche Zusammenfallen der ersten hoffnungsvollen Schritte in eine am Menschenbild der Verfassung rechtsverbindlich ausgerichteten Gestaltung des Jugendvollzuges mit einem der – zumindest aus heutiger Sicht – verheerendsten Ereignisse im realen Vollzug, dem Vorfall in der JVA Siegburg, sollte allen darin und dafür Tätigen vor Augen führen, wie wichtig das möglichst geringe Auseinanderfallen von Anspruch und Wirklichkeit für Erziehungsinstitutionen ist, wie es Schulen, Heime und auch Jugendanstalten mit ihrer in jeder Hinsicht äußerst „bedürftigen" Klientel sind.

Es kann statt dessen nur – wie auch jetzt mit dem hier vorgestellten Gesetz und den Hinweisen auf erste mögliche Umsetzungsschritte – heißen, dass die Notwendigkeit einer gezielten positiven Einflussnahme, dass das Entwickeln und Umsetzen von Leitlinien der Entwicklungsförderung mehr denn je Aufgabe von Politik und Praxis im Bereich des am Erziehungsauftrag ausgerichteten Jugendvollzuges sein muss. Dann hat er aus meiner Sicht seine Berechtigung, wenn er zeigen kann, dass die staatliche Gemeinschaft auch die schwächsten und fehlbarsten, meinetwegen auch schuldigsten Mitglieder nicht aufgibt, sondern sie respektvoll behandelt bei dem hoffentlich erfolgreichen Versuch, ihnen die Rückkehr in die Gemeinschaft zu ermöglichen.

„Es geht um ein Leben in Freiheit, und nicht um ein Leben in Gefangenschaft, auf das der Gefangene vorbereitet werden soll."

Sven Born

Vorbemerkung der Redaktion: Sven Born sollte in Forum 2 („Konkrete Haftbedingungen") als Referent mitwirken. Die Justizvollzugsanstalt Hamburg verweigerte zwei Tage vor Tagungsbeginn seine Teilnahme, obwohl der entsprechende Antrag auf Hafturlaub bereits mehrere Wochen vorab gestellt worden war. Deshalb dokumentieren wir hier den Beitrag, den Sven Born für den Tagungs-Reader verfasst hatte.

„Es geht um ein Leben in Freiheit und nicht um ein Leben in Gefangenschaft, auf das der Gefangene vorbereitet werden soll." – Diese Überschrift kennzeichnet die Grundaufgabe des bundesdeutschen Strafvollzuges seit der Einführung des Strafvollzugsgesetzes 1977 und wird oft mit dem einen Wort „Resozialisierung" beschrieben. Mit dieser Grundaufgabe des Strafvollzuges beschäftige ich mich seit nunmehr 8 Jahren als Strafgefangener in den unterschiedlichsten Bereichen und Verantwortungen wie beispielsweise als Insassenvertretung (Gefangenenmitverantwortung) oder nun als verantwortlicher Redakteur einer Gefangenenzeitung. Ich beschreibe die Situation des Strafvollzuges also aus dem Inneren einer Haftanstalt, als ein unmittelbar von der Haft Betroffener. In den nun zurückliegenden 10 Jahren meiner Haft seit März 1998 hat sich der Strafvollzug drastisch verändert, und besonders in Hamburg seit dem Regierungswechsel 2001 und der Übernahme der Justizbehörde durch den damaligen Senator Dr. R. Kusch (CDU) wurde eine neue Strafvollzugspolitik der Härte eingeführt. Es soll deutlich gemacht werden, dass bereits vor dem Wechsel in Folge einiger weniger spektakulärer Einzelfälle und einer medialen Sensationsinszenierung eine Verschärfung der Strafvollzugspolitik einsetzte. Es begann eine ungewohnt heftige kriminalpolitische Diskussion, die insbesondere Sexualstraftäter im Blick hatte. 1998 wurde das „Gesetz zur Bekämpfung von Sexualdelikten und anderen gefährlichen Straftaten" verkündet und seither das bundesdeutsche Strafrecht mehrfach verschärft.

Die Folgen wurden auch im Strafvollzug spürbar, indem sich dieser mehr und mehr von der Gesellschaft abgrenzte und „käseglockengleich" durch Verstärkung der Sicherungsanlagen und dem rapiden Rückgang von Haftplätzen im offenen Vollzug sowie von Vollzugslockerungen abschottete. Nach außenhin wird Sicherheit demonstriert, die jedoch zu Lasten der Behandlung von Strafgefangenen innerhalb dieser Mauern geht. Die innere Bewegungsfreiheit und die Kontaktmöglichkeiten der Gefangenen untereinander wurden gebrochen, die Freistunde auf das gesetzliche Minimum reduziert. An die Stelle der bis 2001 in Hamburg auch im geschlossenen Vollzug praktizierten inneren Öffnung trat nunmehr Verschluss, Binnendifferenzierung durch drei verschiedene Eingruppierungen (Stufenvollzug), Reduzierung der beruflichen und schulischen Aus- und Weiterbildungsmaßnahmen. Vermehrt ist festzustellen, dass die Gesellschaft – und ihr folgend auch die Politik – gerade in Zeiten der Globalisierung und der fortschreitenden sozialen Schieflage ihre Hoffnungen nicht mehr auf die Freiheit, sondern auf die vom Staat zu gewährleistende Sicherheit ausrichtet, weshalb eine breite Unterstützung für ein bloßes Wegsperren von Tätern erkennbar ist. Die Gesellschaft verbindet ihren Wunsch des Wegsperrens von Tätern oftmals mit dem Bild von „Härte im Strafvollzug", mit der Parole „Haft muss wieder spürbar sein" und auch mit dem Kanzler-Zitat „Wegsperren, und zwar für immer".

Der humane und auf Behandlung ausgerichtete Strafvollzug beruht aber dem gesetzgeberischen Willen nach zunächst auf dem Verständnis einer „problemlösenden Gemeinschaft". Dieses Idealbild des modernen Strafvollzuges ist kaum umsetzbar, weil der Strafvollzug zuerst auch ein „problemschaffendes Gemeinschaftsbild" ist, da es an den personellen, den wirtschaftlichen und den politisch gewollten Möglichkeiten mangelt. Ein moderner Strafvollzug kostet Geld, viel Geld, das jedoch von der Gesellschaft und der Politik nicht bereitgestellt wird. So bleibt der Strafvollzug eine ständige Baustelle und von seinem gesetzgeberischen Auftrag weit entfernt.

Es sind nicht allein Konzepte, die eine Wirkung im Strafvollzug auf Gefangene entfalten, sondern es sind vielmehr Menschen – die Bediensteten und das Behandlungspersonal –, die sie mit positiver Einstellung und vorbehaltloser professioneller Haltung kommunizieren. Doch ist das allein durch die Menschen zu bewältigen, oder braucht es auch die Handlungsfreiräume? Gerade im Hamburgischen Strafvollzug wurden den Stations- und Werkbediensteten behandlungsnotwendige Mitwirkungs- und Gestaltungsmöglichkeiten wieder genommen und diese vielfach zum „Schlüsseldienst" degradiert. Es ist aber gerade der Stations- und Werkdienst, mit dem der Gefangene seine meiste Zeit innerhalb der Haft verbringt, und es kann keinen Zweifel daran geben, dass soziales Handeln und soziales Verhalten gerade auf der Station und/oder im Werkbetrieb erlernt werden. Behandlung in dem heutigen Strafvollzug wird oftmals gleichgesetzt mit dem Führen von Gesprächen mit dem psychologischen Dienst, der Abteilungsleitung oder beispielsweise der Schuldnerberatung. Das Gespräch mit dem Stations- und Werkdienst verkümmert zu einer „privaten" Freizeitangelegenheit.

Besonders im gesellschaftlichen Wandel, der Globalisierung und der zunehmenden sozialen Schieflage gewinnen der Ausbau und die Stabilisierung sozialer Kompetenz immer mehr an Bedeutung und sind nahezu natürliche Grundvoraussetzung für eine gelingbare Wiedereingliederung nach der Haft. Dies kann in einem totalitären System, wie einer Strafvollzugsanstalt, nur gelingen, wenn frühzeitig mit der Erweiterung von Freiräumen, mit Lernräumen begonnen wird. Ein wesentliches Manko der Haft ist die immer stärker werdende Isolierung von der Gesellschaft und dem gesellschaftlichen Leben. Der Strafgefangene wird nicht mehr als Teil dieser Gesellschaftsordnung gesehen, weil er sich hinter sichtundurchlässigen Mauern befindet.

Der Strafgefangene indes steht in der Pflicht, seinen Blick nicht nur nach innen, sondern auch nach außen in die Freiheit zu richten und eine tatsächliche Klärung von Gründen seiner Straffälligkeit kritisch und schonungslos vorzunehmen. Es braucht einen öffentlichen Diskurs über die Ursachen von Straffälligkeit und deren Folgen für alle – den Opfern, den Tätern und der Gesellschaft.

Mit dem neuen seit 1.1.2006 in Kraft getretenen Hamburgischen Strafvollzugsgesetz wurde auch aus diesen Gründen die Mitwirkungspflicht des

Gefangenen am Vollzug formuliert und der so genannte Chancenvollzug bestimmt. Hier wurde dem Strafgefangenen eine im Ansatz auch überfordernde Pflicht aufgebürdet, an der viele zu scheitern drohen. Ein nicht unerheblicher Teil der Gefangenen ist aufgrund fehlender oder mangelnder sozialer Kompetenz und Eigenverantwortung straffällig geworden – diese drohen nunmehr auch im Strafvollzug zu scheitern, wenn sich der Strafvollzug nicht in besonderer Weise um sie kümmert und bemüht. Es sind nicht stets der Unwille oder die fehlende Einsicht, die einen Gefangenen an der geforderten Mitarbeit hindern, sondern oftmals auch Unfähigkeit für das Erkennen von Problemsituationen und deren langfristige Folgen. Der Strafvollzug muss gemeinsam mit dem Gefangenen eine individuelle Behandlung und eine individuelle Problemlösung erarbeiten und sich nicht auf Allgemeinformulierungen und einheitliche Minimalstandards zurückziehen.

Der Strafvollzug braucht die ständige Auseinandersetzung mit seinen Stärken und Schwächen, mit der Sicherheit auf der einen Seite und den erforderlichen und vertretbaren Risiken auf der anderen Seite, mit seinen Behandlungskonzepten und räumlichen Erfordernissen, mit den Bediensteten einerseits und den Gefangenen andererseits. Der Strafvollzug hat die Pflicht und auch die Verantwortung, sich stets im Bewusstsein seines gesetzgeberischen Auftrages selbstkritisch zu hinterfragen und unabhängig medialer Sensationslust offen und selbstbewusst darzustellen. Der Strafvollzug im Besonderen hat die Aufgabe, die Straftäterbehandlung auszubauen und als wesentliche Unterstützung der Opferhilfe wirksam umzusetzen. Der Strafvollzug muss die Rahmenbedingungen für einen humanen und auf Resozialisierung ausgerichteten Behandlungsvollzug schaffen und sich offensiv mit den gesellschaftlichen Erfordernissen auseinandersetzen.

Nur wenn es dem Strafvollzug gelingt, sich als einen Teil der Straffälligenhilfe, der Opferhilfe und der gesellschaftlichen Hilfe zu sehen, kann er seinen gesetzgeberischen Auftrag erfüllen. Bislang werden diese drei Hilfen stets als Gegensätze und nicht als sich ergänzende und einander benötigende Hilfen gesehen.

Meines Erachtens braucht es einen breiten offenen und schonungslosen Diskurs über die vielfältigen Herausforderungen des Strafvollzuges unter Beteiligung aller direkt und indirekt am Strafvollzug beteiligten Personen und

Einrichtungen, auch – oder vielleicht gerade – der Gefangenen selbst. Dieser kann allerdings nur gelingen, wenn bestehende Vorbehalte und Misstrauen abgebaut werden.

Mit diesem Beitrag möchte ich aktiv an der Diskussion teilnehmen und hoffe, einige interessante Denkanstöße vermittelt zu haben.

Impuls zum Forum „Konkrete Haftbedingungen" – aus Sicht einer Gefangenenseelsorgerin

Heike Rödder

In den Gesprächen mit den Gefangenen, die ich in meiner Arbeit treffe, habe ich meine eigenen Wahrnehmungen ergänzen können. Aufschlussreich sind aber auch die nachstehend dokumentiertenTexte der Inhaftierten, die exemplarisch zeigen, wie die Förderung von Menschen verhindert wird.

Einige Beamte geben sich Mühe, das haben die Inhaftierten im Gespräch ausdrücklich betont, gehen fair und wertschätzend mit ihnen um. Doch werden sie oft von den eigenen Kollegen bekämpft und reagieren nach einer Weile mit Rückzug. Mobbing ist ein weit verbreitetes Phänomen in allen Berufsgruppen im Gefängnis.

Als Seelsorgerin halte ich es für meine Aufgabe, Inhaftierte zu ermutigen, sich um ihren weiteren Weg zu kümmern. Das bedeutet aber leider in den meisten Fällen, dass ich Menschen dabei begleiten muss, mit Absagen, Vertröstungen oder schlichtweg Schweigen umzugehen. Egal, ob es um einen Zugang zum Bildungssystem oder um eine angemessene Entlassungsvorbereitung geht. Engagement für den weiteren Lebensweg scheint – trotz allen Widersinns – bei manchen Bediensteten sogar eher noch Ressentiments auszulösen und wird gern ausgebremst.

Ich muss seit Jahren täglich anschauen, dass Menschen, die seit ihrer Kindheit immer wieder erleben müssen, aus diversen Gründen von dieser Gesellschaft ausgeschlossen zu sein, weder Förderung noch Unterstützung finden – von Heilung ganz zu schweigen. Dabei fehlt genau dies den Inhaftierten am meisten: Der Zugang zum Bildungs- sowie zum Gesundheitssystem!

Viele wären schon froh, wenn sie im Gefängnis wenigstens arbeiten könnten. Aber bei einer extrem hohen Arbeitslosigkeit (Rheinbach derzeit 70%) erleben die meisten ihre Zeit in der Haft als Verwahrvollzug. Wer sich ruhig hält, hat keine Probleme. Aber wer etwas für sich erreichen will, erfährt größtenteils Ablehnung – oft weil einfach die Ressourcen fehlen, um die Wünsche erfüllen zu können.

Extrem belastend finden viele Inhaftierte, so haben sie mir berichtet, wenn sie dreiundzwanzig Stunden des Tages in Zwangsgemeinschaft auf ihrer Zelle verbringen müssen. Zwei Personen teilen sich eine Zelle von 7,5 qm, einen Schrank, ein Waschbecken und eine offen sichtbare Toilette.

Einzelzellen sind kaum zugänglich, nur wenn jemand eine Arbeitsstelle oder – auf die rheinische Art – eine gute Beziehung zu Bediensteten hat. Oder er nimmt in Kauf, mit Sicherheitsmaßnahmen belegt zu werden, die ihn von jeglicher Teilnahme an Veranstaltungen und Angeboten ausschließt.

Häufig wird mit Vorhängen und Handtüchern das Fenster so abgedichtet, dass weder Licht noch Luft hereinkommen können. So dämmern sie über den Tag und versinken nach meiner Wahrnehmung immer tiefer in einer deprimierten und perspektivlosen Stimmung.

Erst gegen Abend werden sie aktiv, besuchen, sofern es ihnen genehmigt wird, ihre Sportgruppen oder Gruppen, die von ehrenamtlich Tätigen angeboten werden. Aber Sport- und andere Gruppen haben zunehmend Nachwuchsprobleme. Häufig müssen erst mehrere Ablehnungen überwunden werden, bis endlich eine Zusage erfolgt.

Außerdem greifen Resignation und Lähmung durch nichtbehandelte Suchterkrankungen mehr und mehr um sich. Manche können sich noch nicht einmal mehr aufraffen, in die Freistunde zu gehen, weichen zunehmend jeder Begegnung mit ihren Mitmenschen aus.

Wie sollen Menschen lernen, die Würde anderer zu achten, wenn sie selbst vornehmlich Entwürdigung erfahren?

Fachleute der Psychiatrie sind sich darin einig, dass etwa 90% der Inhaftierten eine psychiatrische Diagnose aufweisen und eigentlich medizinische und psychologische Behandlung bräuchten. Schließlich sind die meisten Inhaftierten von einer Suchterkrankung schwer gezeichnet, weisen Persönlichkeitsstörungen und schlimmere Krankheitsbilder auf. Viele Bedienstete des allgemeinen Vollzugsdienstes wiederholen mehrfach am Tag den Satz:

„Die Inhaftierten X, Y und Z gehören eigentlich nicht hierher, sondern in ein Krankenhaus." Und werden in der Regel mit den Folgen dieser Erkenntnis allein gelassen.

„Gefängnisse sind ein Notbehelf, bis unsere Gesellschaft sich entscheidet, angemessen mit diesen Menschen umzugehen." So ungefähr hat der Ratsvorsitzende der EKD, Bischof Huber, es in einer Diskussion nach seinem Vortrag „Der Mensch ist mehr als seine Taten. Das christliche Menschenbild im Licht der Rechtfertigungsbotschaft" auf der Jahrestagung der EVANGELISCHEN KONFERENZ FÜR GEFÄNGNISSEELSORGE IN DEUTSCHLAND im Mai 2007 in Berlin formuliert.

Und auf der diesjährigen Jahrestagung der EVANGELISCHEN KONFERENZ DER GEFÄNGNISSEELSORGE IN DEUTSCHLAND im Mai in Hofgeismar forderte der norwegische Kriminologe Nils Christie schlichtweg die Abschaffung des Strafvollzuges sowie des Gerichtswesens.

Er setzt auf Modelle, in denen Konflikte von sämtlichen Beteiligten bearbeitet werden. So ist er aus seiner Heimat Norwegen daran gewöhnt, dass es in Stadtteilen und auf den Dörfern Bürgerversammlungen gibt, die gemeinsam nach Lösungen suchen, wenn es zu Konflikten und Straftaten gekommen ist. Für ihn sind die Modelle vieler indigener Völker bedenkenswert, weil auch dort alle gemeinsam nach einer Lösung suchen und Opfer, z.B. von Gewaltverbrechen, nicht einfach beiseite geschoben werden, wie dies hier oft passiert, sondern es geht immer um Wiedergutmachung und Versöhnung, um das Sichtbarwerden des Schmerzes des Opfers und im besten Falle ebenso des Täters.

Auch die Wahrheitskommissionen in Südafrika sind für Nils Christie ein Modell, über dessen internationale Verbreitung man nachdenken sollte.

Aber bis zur Abschaffung der Gefängnisse und der Schaffung von heilsamen Alternativen ist es noch ein weiter Weg, da bin ich ganz realistisch. Und darum haben nach meiner Auffassung wir Gefängnisseelsorgenden, bis es so weit sein wird, weiterhin die Aufgabe, Inhaftierte auf ihrem Weg zur Drehtür zu unterstützen. Zudem sollten wir im Gefängnisalltag gemeinsam mit den anderen Berufsgruppen immerwieder die nötigen Ressourcen einklagen, um dem hehren Ziel der Resozialisierung so nahe wie möglich zu kommen.

Wir sollten einüben, einander mit Wertschätzung und Respekt zu begegnen, dies sowohl in unseren Knastalltag wie auch in Projekte zur Gewaltprävention einfließen lassen.

Vor allem halte ich es für geboten, dass sich alle Beteiligten auf gleicher Augenhöhe treffen. Dennwir alle wissen: Hierarchien zerstören in der Regel die Beziehungen zwischen den Menschen – zumal wenn sie destruktiv gelebt werden und von Machtmissbrauch gekennzeichnet sind.

Der Tonfall im Knast ist in vielen Fällen eine Zumutung. Kolleginnen und Kollegen müssen oft schon eine raue Ausdrucksweise ertragen können. Gefangene aber werden vielfach nur angeschwiegen oder ihre Anliegen in rüdem Ton abgelehnt.

Vor allem im allgemeinen Vollzugsdienst (AVD) zeichnet sich ab, dass immer mehr Kollegen sich durch Krankschreibung aus einem belastenden und sie überfordernden Arbeitsalltag zurückziehen. Jedoch spüren Mitarbeitende aller Berufsgruppen eine stetig zunehmende Belastung durch die Verknappung von Ressourcen bei gleichzeitigem Anstieg der Haftpopulation.

Berichte von Inhaftierten –
aufgezeichnet von Heike Rödder

Bericht des Inhaftierten K. N.

Der Alltag im Gefängnis ist sehr eintönig. Auch wenn man arbeiten geht und Sportmöglichkeiten hat, nach einer bestimmten Zeit erscheint einem alles sinnlos, und es ist verdammt langweilig.

Man träumt von ganz einfachen Dingen: wie einem gemütlichen Spaziergang, einem Café, von der Familie, von Freunden, einem guten Essen.

Vor allem vermisst man die Freiheit, wo man nicht von morgens bis abends bevormundet wird, dass man tun und lassen kann, was man will.

Für mich persönlich hat der Vollzug nichts Schlechtes getan. Eher würde ich sagen, dass der Knast meine Realitätswahrnehmung gefördert hat.

Wenn man aus seinem Leben etwas machen möchte, kann man das auch. Man muss zielstrebig sein und das Ziel niemals aus den Augen verlieren.

Natürlich gibt es viele ungerechte Dinge. Aber meines Erachtens ist das ganze Leben nicht gerecht. Also muss man das Leben so nehmen, wie es kommt und das Beste aus der Situation machen.

16. September 2008

Bericht des Inhaftierten B. A.

Ich bin jetzt fünfundzwanzig Jahre alt und zu einer Haftstrafe von sechs Jahren und sechs Monaten verurteilt. Hinzu kommt noch ein Bewährungswiderruf von einem Jahr und zehn Monaten, also insgesamt acht Jahre und vier Monate.

Seit Februar 2006 sitze ich in Untersuchungshaft und seit eineinhalb Jahren in Strafhaft.

Bis zum heutigen Tag verstehe ich den Sinn der Haft nicht und kann es überhaupt nicht nachvollziehen, was hier passiert. Ich sitze zum ersten Mal in Haft, es fiel mir sehr schwer, das alles zu akzeptieren: Die Bindung zu meinerFamilie, den Entzug der Freiheit und die Kraft zu haben, die Situation zu meistern.

Doch begriff ich schnell, die Verantwortung für meine Taten zu tragen und es so zu akzeptieren, wie es ist. Seit ich dann in Strafhaft gekommen bin, versuche ich meine Strafe sinnvoll abzusitzen. Leider sind die Möglichkeiten für mich schwieriger als gedacht. Da ich nur einen Hauptschulabschluss habe und das der wesentliche Punkt war, dass ich keine Ausbildung bekommen habe, beschloss ich, mich um einen Realschulabschluss zu bemühen, um mir für die Zukunft eine Perspektive zu schaffen. Daraufhin habe ich alles bewegt, um einen Realschulabschluss nachzuholen. Dies ist aber leider nicht möglich gewesen, da meine Akten hier nicht vollständig waren. So ging ich hier zur ansässigen Arbeitsagentur (gemeint ist die Arbeitsverwaltung der JVA, Anm. HR), um Auskünfte und Beratung zu kriegen. Dort gab man mir zwar eine Broschüre und Auskünfte, aber man sagte mir, dass ich zurzeit Geduld haben soll, da ich erst zur Auswahlanstalt muss. Wenn ich Interesse an einer Ausbildung habe, solle ich mich darum bemühen und die Auswahlanstalt umgehen. So suchte ich mir genug Informationen und ging zur Sozialarbeiterin, die mir dann sagte, es wäre nicht möglich, ich solle Geduld haben, meine Akten wären unterwegs. So wartete ich und wartete ...

Nach einiger Zeit versuchte ich hier eine Ausbildung zu beginnen. Dies wurde mir dann abgelehnt, ohne mein Beisein und ohne Begründung. Ich also wieder einmal zur Sozialarbeiterin, sie bat mich wieder einmal um Geduld, man könne nichts für mich machen, da ich in die Auswahlanstalt müsse und kein Vollzugsplan vorhanden sei, aber in den nächsten Monaten würde ich auf jeden Fall aufgefordert werden. Nachdem ich wieder drei Monate nichts Neues gehört hatte, fragte ich wieder nach. Da sagte man mir, es fehle Ihnen ein Urteil. Es wäre aber beantragt, und ich solle Geduld haben. So wartete ich noch drei Monate und ging erneut zur Sozialarbeiterin: Im Computer stand dasselbe wie vor sechs Monaten (Urteil fehlt).

So bat ich den Anstaltsleiter um ein Gespräch. Er verstand nichts, er sagte, er brauche meine Akte, um mir Auskunft zu geben, er würde sich darum kümmern.

Wieder verging einige Zeit, dann bat ich erneut um ein Gespräch mit dem Anstaltsleiter: Er hatte noch keine Erkenntnis. Ich lasse nicht locker und erkläre meine ganze Situation und dass es mich sehr bedrückt und fertig macht, ich endlich etwas Positives in meinem Leben bewegen will, aber mir in keiner Weise geholfen wird. Daraufhin suchte er eine Telefonnummer und rief an, er bat um Beschleunigung meiner Sache und dass man das fehlende Urteil schnellstmöglich abschicken solle. Das geschah dann auch endlich, und mir wurde daraufhin ein Termin für den 23. September 2008 gegeben.

Kurze Zeit später kamen Vertreter der Ausbildungshaftanstalt hierher, um über Ausbildungen zu beraten. Ich bat um einen Termin, es ist gut verlaufen, doch sagte man mir, dass ich zu spät dran bin und erst 2010 eine Ausbildung beginnen kann. Also bin ich wieder verzweifelt und weiß nicht weiter: Ich habe jetzt zwei Jahre und sieben Monate Haft hinter mir und bin noch ganz am Anfang. So sitze ich jeden Tag in meiner Zelle und bin verzweifelt, finde einfach keinen Anfang und keinen Ausweg, verliere die Hoffnung und (den Glauben an; Anm. HR) das Gute.

Ich will mich ändern und den richtigen Weg einschlagen. Aber wie wird das ausgehen? Wieder auf die Straße, ohne Ausbildung, ohne Schulabschluss, also ohne Arbeit? Na ja, eigentlich kann man es sich ausrechnen. Doch ich will es nicht wahrhaben, und ich werde weiter versuchen, stark zu bleiben. Wir sitzen in Haft, es ist richtig, wir sitzen zu Recht! Aber wenn man uns helfen will, muss man uns Möglichkeiten geben, bevor wir wieder die Hoffnung ans Gute verlieren.

Ich könnte Ihnen über den Verlauf meiner Haftzeit nichts Positives berichten, ich bin mit einem dicken Fell hierher gekommen und liege jetzt am Boden. Es entwickelt sich langsam Hass aus Verzweiflung, da man hier keinen Halt bekommt.

Ich bin ein Mensch, der sehr viel wegstecken kann oder konnte. Doch jeder kommt irgendwann an seine Grenzen, und was das heißt, sieht man in der Freistunde. Die Leute, die so verzweifelt sind und die Hoffnung aufgegeben haben, sind alle jetzt drogensüchtig und haben ein noch größeres Problem. Sie werden nie wieder da rauskommen und das sind hier mehr als 80%.

Ich habe Angst vor Drogen, aber würde mir mein Glaube Selbstmord erlauben, wäre ich schon lange tot. Denn das, was ich erzählt habe, war harmlos und nur die Spitze des Eisbergs. Ich bin müde und schwach geworden, habe nur noch Kraft, weil ich eine bezaubernde Freundin und eine wunderbare Familie habe.

Ich habe hier mehr Negatives gelernt und gesehen als in meinem ganzen Leben. Wenn ich das alles zu Papier bringen würde, würden Sie es nicht wahrhaben wollen. Vielleicht kann ich nicht, weil ich (den Glauben an; Anm. HR) das Gute verloren habe. Ich habe hier gelernt, kümmere dich selbst um deine Probleme, und ich werfe dir dabei Steine in den Weg. Man gibt dir den Anschein zu helfen, doch wie sagt man: Aus der Tür, nein, aus den Augen, aus dem Sinn.

September 2008

Bericht des Inhaftierten S. B. O.

Sehr geehrte Damen und Herren!

Die Verantwortlichen der Vollzugsbehörde der Justizvollzugsanstalt (JVA) verletzen hier vorsätzlich die elementarsten Grundrechte.

Habe den Eindruck bekommen, dass die Gesetze für die JVA nicht bindend wären, obwohl doch das Grundgesetz im Strafvollzugsgesetz verankert ist und auch für die Vollzugsbehörde bindend ist.

Der Anstaltsleiter beugt im Komplott mit der Psychologin vorsätzlich geltendes Recht und Gesetz, in Kenntnis und aus niedrigen Beweggründen durch Verletzung des Schikaneverbots – Willkürverbots – Diskriminierungsverbots – Kriminalisierungsverbots. Ich werde hier offensichtlich vorsätzlich empfindlich in meiner Würde verletzt, und weil mein Recht auf Leben und körperliche Unversehrtheit anhaltend verletzt wurde und wird, wird mir vorsätzlich ein irreparabler Schaden durch Unterlassen und Untätigkeit zugefügt.

Nach deren Ansicht gehöre ich nicht zu dieser Subkultur (Subkultur des Drogenhandels und anderer Geschäfte im Gefängnis; Anm. HR), die Verantwortlichen identifizieren sich aber mit dieser Subkultur und begünstigen andere Gefangene (Gleichbehandlungsgrundsatz). Hier werden die elementarsten Grundrechte in ihrem Wesensgehalt verletzt: weil ich u.a. durch die Rechtsbeugung von § 3 ff. StVollzG „seelisch und körperlich" misshandelt werde zur Befriedigung der Bedürfnisse der Psychologin, weil diese vermeintliche Expertin massiv am Burnout-Syndrom leidet. Das heißt u.a.: Durch die quälende jahrelange Monotonie ihrer Arbeit als Psychologin und der ständigen wiederkehrenden Tätigkeiten kann sie den Sinn ihrer Tätigkeit schwer nachvollziehen, weil sie auch das Wissen über die interdisziplinären Disziplinen nicht besitzt und ihr somit selbst soziale Kompetenz fehlt.

Sie erstellte rechtswidrige Gutachten entgegen dem Wortlaut und Sinn sowie gegen den objektiven Willen des Gerichts und der Strafvollstre-ckungsbehörde sowie gegen den Willen des Gesetzgebers. Die Verantwortlichen haben mich für Sachlagen und Sachverhalte seit meinem Strafantritt bestraft, die gesetzlich weder bestimmt sind noch waren. Vorsätzliche Verletzung des Willkürverbots: ich befinde mich jetzt hier schon seit dreiundzwanzig Monaten im geschlossenen Vollzug. Ich erfülle nach § 10 StVollzG die Voraussetzung für die Unterbringung im offenen Vollzug. Die vom erkennenden Gericht und der Strafvollstreckungsbehörde gewollte Freiheit bzw. die Großzügigkeit des offenen Vollzuges wurde mir im Sinne einer Freiheitsberaubung sowie durch Rechtsbeugung, Amtsanmaßung, Vortäuschung von diversen Straftaten und falschen Beschuldigungen u.a. vorsätzlich verweigert. Die Verantwortlichen schrecken auch nicht davor zurück, meine Familie ersten Grades sowie meine Lebensgefährtin zu diskriminieren und zu kriminalisieren (Rassismus). Das lässt sich daraus entnehmen, dass die Vollzugsbehörde unmissverständlich u.a. bekundet: Durch eine unvollständige soziale Integration meiner Person sowie der unterschiedlichen religiösen und soziokulturellen Vorgaben sei seit meiner Pubertät festgestellt worden, dass ich in der

Aneignung der hier in der BRD gestellten Normen und Wertregeln behindert worden bin. Des Weiteren wird meine Familie als „unteres soziales Milieu" diskriminiert und zum „entwurzelten Arbeitsmilieu", zur „Unterschicht" wider besseres Wissen und aus den niedrigsten Beweggründen stigmatisiert. Offensichtlich benutzen die vermeintlichen Experten der Vollzugsbehörde unter anderem den Begriff „berufskriminell" gegen mich und meine Familienangehörigen sowie meine Lebensgefährtin. Offenkundig sind diese Begriffe von den Nazi-Juristen 1933 eingeführt worden und sind mit dem Inkrafttreten der ersten Strafrechtsreform 1969 aufgehoben worden. Warum bedient sich die Vollzugsbehörde in meiner Angelegenheit der Nazimethoden (Verletzung Art. 2 und 3 GG, Freiheit der Person und Gleichheit vor dem Gesetz; Verletzung von Art. 4 GG: Glaubens- und Gewissensfreiheit i.V.m. Art 11: Recht der Freizügigkeit; u.a. liegen hier auch die strafrechtlichen Verletzungen von vorsätzlichen falschen Verdächtigungen § 164 StGB, vorsätzliche Beleidigung § 185 i.V.m. übler Nachrede § 186 StGB vor)?

Nach eigenem Bekunden der Verantwortlichen der Vollzugsexperten wird offensichtlich meine „Aussagefreudigkeit" (im Umkehrschluss der Feststellungen der Strafvollstreckungsbehörde sowie dem erkennenden Gericht) als eine „verfestigte betrügerische Verhaltensweise" sowie als ein „betrügerisch-manipulatives und skrupelloses Vorgehen" teleologisch interpretiert.

Der Gesetzgeber hat unmissverständlich dieser Behörde untersagt, die Menschenwürde zu verletzen. Und über den Freiheitsentzug hinaus dürfen die Verantwortlichen kein weiteres Übel zufügen.

Des Weiteren hat die Vollzugsbehörde die Pflicht, den schädlichen Folgen der Haft entgegenzuwirken. Es ist nach hiesigem Kenntnisstand in der ganzen Zeit der bisherigen Strafvollstreckung und auch zuvor während der Untersuchungshaft und Haftverschonung nicht zu irgendwelchen erheblichen Beanstandungen im Hinblick auf mein Verhalten gekommen. Es sind keine Verfahren eingeleitet oder Maßnahmen notwendig geworden. Mag man auch der Ansicht sein, dies sei der Normalfall bzw. habe der Normalfall zu sein, so ist dies offensichtlich der Beleg dafür, dass auch wie im Normalfall die Vollstreckung im offenen Vollzug zu erfolgen hat. Ich bin Erstverbüßer und führe mich beanstandungsfrei. Auch vonseiten der JVA werden keine konkreten Bedenken gegen eine Verlegung in den offenen Vollzug aufgeführt, sondern lediglich vorsätzlich pauschale Allgemeinsätze, die in keiner Weise erkennen lassen, welche konkreten Abweichungen vom Normalfall hier einer Verlegung in den offenen Vollzug entgegenstehen sollen.

Die Wut, die sich hier aus meinem Schreiben herausnehmen lässt, kann ich u.a. damit begründen, dass die Staatsanwaltschaft wiederholt die Vollstreckung im offenen Vollzug in Aussicht gestellt hat und auch weiterhin befürworten wird. Die Staatsanwaltschaft hat bereits mehrere Schreiben an die hiesige JVA gesendet, u.a. dass sie keine Bedenken gegen eine Verlegung in den offenen Vollzug hat und es nachhaltig befürwortet. In einem zweiten Schreiben teilt der Oberstaatsanwalt mit, dass er beim beanstandungsfreien Verhalten von mir eine vorzeitige Entlassung nach Verbüßung der Hälfte der Strafe gemäß § 57 Abs. 2 Nr. 2 StGB befürworten wird.

Dazu möchte ich anmerken, dass mein Halbstrafentermin bereits in zehn Monaten ist.

In Ermangelung konkreter Vorwürfe ist nicht nachvollziehbar, warum die JVA hier zu einer anderen Wertung kommt. Zwar ist es richtig, dass die JVA durch die (Vor-)Entscheidungen oder Einschätzungen der Staatsanwaltschaft in keiner Weise gebunden wird, sodass ein Abweichen hiervon auch objektiv gesehen keiner Begründung bedarf.

Aber mein Unverständnis ist angesichts der weit reichenden Folgen für meine Person doch verständlich. Dabei ist auch zu berücksichtigen, dass nach Ansicht meiner zuständigen Staatsanwaltschaft schon von vornherein eine Eignung für den offenen Vollzug bestand. Ich möchte noch einmal darauf hinweisen, dass ich mich zweiundzwanzig Monate in Freiheit befunden habe, bevor ich mich selbst gestellt habe. In diesen zweiundzwanzig Monaten in Freiheit und auch anschließend in der JVA kam es weder zu Problemen noch zu Maßnahmen, Verfahren oder sonstigem.

Wo ich doch vorher in den zweiundzwanzig Monaten in Freiheit keine Gefahr für die Öffentlichkeit war, frage ich mich, wie die JVA plötzlich zu einem anderen Ergebnis kommt, obwohl mein Verhalten beanstandungsfrei ist.

Jeder normale Mensch muss doch hier erkennen, was sich hinter den Mauern der JVA abspielt. Unter diesen Umständen können Sie sich Ihre Antwort wohl selber geben, wie ich meine Haft empfinde.

Das Schlimmste hier ist, egal, wie viel man schreibt oder sagt, ändert es dennoch nichts an meiner Situation und den Situationen vieler anderer Inhaftierter. Dass ich kein Einzelfall bin, der der Willkür hier ausgesetzt ist, sollte berücksichtigt werden.

15. September 2008

Bericht des Inhaftierten N. A.

Seit März 2005 bin ich in Haft. Ich wurde zu einer Haftstrafe von sieben Jahren verurteilt. Zur Zeit mache ich eine Ausbildung als Küchenhelfer (in der Kantine der Bediensteten; Anm. HR) und bin in vier Monaten damit fertig (Herr A. wurde gerade in ein anderes Gefängnis verlegt, zwar in den offenen Vollzug, kann aber somit seine Ausbildung nicht beenden; Anm. HR).

Mein Tag fängt immer um 6.00 Uhr an, wenn ich aufstehe und mir einen Kaffee mache. Um 6.40 Uhr gehe ich bis 14.00 Uhr zur Arbeit, um 15.30 Uhr gehe ich zum Sport für eineinhalb Stunden, danach dusche ich mich, mache mir mein Abendbrot und schaue Fernsehen. Mittwochs habe ich einen Gesprächstermin mit der Pfarrerin, wir reden über alles, und das tut mir gut. Zweimal im Monat sehe ich meine Kinder, die Zeit (beim Besuch; Anm. HR) vergeht immer sehr schnell. Ich hoffe, dass ich bald entlassen werde oder zumindest in den offenen Vollzug verlegt werde. Aber dafür brauche ich eine Genehmigung des zuständigen Ausländeramtes. Obwohl ich zwei deutsche Kinder habe und zum ersten Mal in Haft bin, versuchen die mir Steine in den Weg zu legen. Ich wurde wegen BTM verurteilt und bereue jede Minute, dass ich so was gemacht habe, aber das interessiert keinen.

Hier im Knast arbeite ich in der GMV (Gefangenmitverantwortung) mit und versuche, andere Inhaftierte zu unterstützen, wenn sie Probleme haben.

15. September 2008

Bericht des Inhaftierten Herrn A. (Ö. A.)

Ich bin jetzt seit drei Jahren in Haft. Die ersten einunddreißig Monate habe ich in einem anderen Gefängnis abgesessen. Seit sechseinhalb Monaten bin ich hier in diesem Knast. Ich muss sagen, wenn ich einen Vergleich machen müsste, so muss ich doch schon behaupten, dass es in meinem früheren Gefängnis mehr gefördert wird, die Eingliederung zurück zu der Gesellschaft. Darauf wird schon sehr Wert gelegt. Da wird auch für die Gefangenen sehr viel angeboten, freizeittechnisch, ausbildungstechnisch, arbeitstechnisch sowie auf schulischer Basis. Da habe ich einfach das Gefühl gehabt, dass Integration nicht nur dahergesagt wird, als wäre es eine Modeerscheinung, sondern auch gelebt wird. Natürlich gibt es auch negative Erlebnisse, aber das Positive überwiegt einfach.

Seit ich Mitte Februar hier in den Knast verlegt worden bin, weiß ich auch, was das Wort „Verwahrvollzug" bedeutet. Hier wird einem nicht geholfen, ganz im Gegenteil, es werden eher Steine in den Weg gelegt. 70% der Inhaftierten sind arbeitslos. Wer penetrant ist und am Ball bleibt, dem wird irgendwann mitgeteilt, dass nur die Arbeit kriegen bzw. bevorzugt werden, die die Betriebschefs von früher kennen. Es ist einfach zum Verzweifeln. Es wird noch nicht mal die Möglichkeit gegeben, das, was eigentlich nach Jahren der Inhaftierung gegeben werden sollte, für die Eingliederung anfangs in die Gesellschaft, sein Überbrückungsgeld vollzukriegen. Also werden Menschen nach ein paar Jahren Haft ohne einen Euro in die Gesellschaft losgelassen. Hallo, was soll dieser Mensch machen, ohne Startkapital? Wieder straffällig, weil es liegt nahe.

Hier werden Anträge (Anträge für Gespräche und andere Anliegen an die verschiedenen Berufsgruppen einer JVA; Anm. HR) nicht weitergeleitet, der Mensch als solches wird als das Letzte angesehen.

Teilweise werden Intrigen ausgespielt. Ein Beispiel: Wenn ein Bediensteter ein Problem mit einem hat, so benutzt er Gefangene, um den anderen Schaden zuzufügen. Ich weiß nicht, ich könnte jetzt blätterweise beschreiben, was hier so abläuft, aber ich verkneife es mir lieber. Ich wünschte, die Menschen, die versuchen hier im positiven Sinne was zu ändern, würden mehr

Unterstützung kriegen, anstatt dass sie gemobbt oder auch rausgeschmissen werden.

Ich werde es nicht mehr erleben, weil ich in siebeneinhalb Monaten entlassen werde, aber ich wünsche nur für die Zukunft in unserem Knast, dass die Inhaftierten eine faire Behandlung erhalten sollten. Denn das Schlimmste ist unter anderem, dass hier mit zweierlei Maß gemessen wird. Die anderen Flügel werden bevorzugt, und der Flügel, in dem ich untergebracht bin, bleibt auf der Strecke. Das muss man erlebt haben, um es nachvollziehen zu können.

September 2008

Programmatische Forderungen zur Situation inhaftierter Frauen

Gabriele Scheffler

Ich bedanke mich für die Einladung und die Gelegenheit, Ihnen etwas aus der inhaltlichen Arbeit der BAG-S vorzustellen. Zu meinen Aufgaben gehört die Leitung des Fachausschusses zum Thema „Straffällig gewordene Frauen". Dieser Ausschuss erstellt zur Zeit einen Straffälligenhilfebericht zu den Lebenslagen und Hilfebedarfen straffällig gewordener Frauen. Der Bericht wird sich zusammensetzen aus einem Datenteil und aus den Berichten der Praktikerinnen vor Ort, die in Einrichtungen der Freien Straffälligenhilfe mit den betroffenen Frauen arbeiten.

Beginnen möchte ich meinen Vortrag mit einem kurzen Blick auf die Datenlage und auf einzelne Problembereiche inhaftierter Frauen. Schwerpunkt meiner Ausführungen werden dann programmatische Forderungen sein, wobei ich mich auf eine aktuelle Entschließung des Europäischen Parlaments vom März diesen Jahres stützen werde.

I. Kriminalstatistik

Inhaftierte Frauen und ihre Delikte

Ca. 5 Prozent aller Inhaftierten sind weiblich, absolut knapp 4.000 Frauen (Datenbasis 2008). Fast die Hälfte der inhaftierten Frauen (48 Prozent) ist wegen Diebstahls, Unterschlagung und Betrug und Untreue in Haft. Eine ebenfalls häufige Straftat ist der Verstoß gegen das Betäubungsmittelgesetz (17 Prozent der inhaftierten Frauen).

Wegen Mord und Totschlag sind 8 Prozent der Frauen inhaftiert. 85 Prozent der Opfer dieser Delikte stammten aus dem engeren Familienkreis, 66 Prozent der Frauen befanden sich vor der Tötungshandlung in einer sich jahrelang hinziehenden sozial und psychisch stark belastenden Lebenssituation (nach Rode/Scheld 1986). Die Gewaltdelikte von Frauen sind überwiegend Beziehungstaten, damit besteht eine geringe Wiederholungsgefahr.

Bezüglich der Dauer der Inhaftierung wurde über die Hälfte aller weiblicher Inhaftierter zu einer Haftstrafe von unter einem Jahr verurteilt, Gründe für die häufigeren kurzen Strafen sind zum einen die eher leichteren Delikte, zum anderen die etwas häufigeren Ersatzfreiheitstrafen von Frauen.

Spezifische Problembereiche inhaftierter Frauen sind zum einen die häufige Drogenabhängigkeit: der Anteil drogenabhängiger Frauen im Vollzug wird auf über 50 Prozent geschätzt. Zum anderen hat der überwiegende Teil der inhaftierten Frauen Opfererfahrung: 91 Prozent dieser Frauen waren jemals körperlicher Gewalt ausgesetzt (nach Schröttle/Müller 2004).

Ein Merkmal, auf das ich später noch detaillierter eingehen möchte, ist die häufige Mutterschaft inhaftierter Frauen: von den weiblichen Inhaftierten sind zwischen 60 und 70 Prozent Mütter mit überwiegend minderjährigen Kindern (nach Dünkel et alter 2005 und Zolondek 2008) Über die Altersverteilung der Kinder waren keine Angaben zu finden. Es gibt ca. 60 Geburten pro Jahr in Haft.

Unterbringung der Frauen

Ein Drittel aller inhaftierten Frauen ist in eigenständigen Haftanstalten untergebracht (Frankfurt a.M., Berlin, Schwäbisch Gmünd, Vechta, Willich), der überwiegende Teil ist in separaten Gebäuden oder Abteilungen innerhalb von Männerstrafvollzugsanstalten untergebracht. Bundesweit gibt es insgesamt 45 Standorte des Frauenstrafvollzugs.

Mutter-Kind-Einrichtungen gibt es nur sieben in Deutschland mit 95 Haftplätzen, die zu 70 Prozent belegt sind (Belegung am 31.3.2007: 66 Mütter mit 73 Kindern). Die geringe Auslastung wird darauf zurückgeführt, dass eine heimatferne Unterbringung der Mütter mit Kindern vielfach nicht in Betracht kommt.

II. Probleme des Frauenstrafvollzugs

Inhaftierte Frauen bilden eine kleine Gefangenengruppe, was die Frage nach der optimalen Unterbringung aufwirft. Der Vorteil größerer, zentraler Einrichtungen besteht in der Möglichkeit, frauenspezifische Angebote zu machen (Arbeit und Ausbildung, Therapien); der Nachteil ist die damit verbundene heimatferne Unterbringung, die einhergeht mit der schwierigen und oft unmöglichen Aufrechterhaltung familiärer und sozialer Bindungen.

Probleme im Zusammenhang mit Mutterschaft

Spezifische Probleme entstehen für inhaftierte Mütter. Zunächst besteht ein Platzprobleme: vorhandene Plätze werden überwiegend von schwangeren Frauen und Frauen mit Neugeborenen belegt. Ein großer Teil der inhaftierten Mütter hatte ihre Kinder schon vor der Inhaftierung nicht mehr bei sich, oft wurde schon vor der Inhaftierung die elterliche Sorge entzogen und die Kinder waren in Pflegefamilien, bei Großeltern oder anderen Verwandten (bei Vätern selten) untergebracht.

Problemhintergrund ist eine Instabilität der betroffenen Frauen, insbesondere bei Suchtabhängigkeit. Oft scheitert die Übernahme von Verantwortung für Kinder an der problembelasteten Lebenssituation der Frauen. In der Folge ist ein konstanter und verlässlicher Kontakt zu den Kindern dann nicht möglich.

Für die betroffenen Frauen bedeutet dies nicht nur den Verlust der Kinder, sondern ihnen ist auch bewusst, dass sie ihre Mutterrolle nicht erfüllen. Sie haben Schuldgefühle, weil sie die an sie gestellten Erwartungen enttäuschen und müssen ihre eigene Unfähigkeit eingestehen.

Problem der Umgangsregelung durch Behörden (Justiz und Jugendamt)

Die geringen Fallzahlen zeigen, dass eine gemeinsame Unterbringung von Müttern und Kindern in der Regel nicht möglich ist. Besuchszeiten sind eingeschränkt und stark reglementiert, in der JVA sind oft keine entsprechenden Räumlichkeiten für einen Besuch der Kinder vorhanden. Als Folge gestaltet sich die Aufrechterhaltung des Kontaktes zwischen Eltern und Kindern oft schwierig. Rechtlich gesehen hat das Kind ein eigenständiges Umgangsrecht (§ 1684 Abs. 1 BGB); ein Umgangsausschluss ist nur dann gerechtfertigt, wenn Kindeswohlgefährdung vorliegt (§ 1684 Abs. 4 BGB).

Weitere Probleme hängen mit der Organisation und Kostenfrage der Besuche zusammen: Kinder müssen in die JVA gebracht werden; Rückmeldungen aus der Praxis verweisen auf Probleme bei der Finanzierung der Fahrtkosten des Kindes. Eine Kostenübernahme durch JVA und ALG-II-Träger ist nicht möglich, sondern hier besteht nur die Möglichkeit der Beantragung der Fahrtkosten im Rahmen von SGB XII als atypische Bedarfslage.

Für die betroffenen Frauen bedeutet ihre Straffälligkeit ein dreifaches Versagen:

- Zum einen durch den Normverstoß, der zur Inhaftierung führte;
- zum anderen stellt Kriminalität ein für Frauen atypisches Verhalten dar, was einen Bruch mit ihrer Frauenrolle impliziert;
- hinzu kommt als Drittes die Nichterfüllung der Mutterrolle und der diesbezüglichen Erwartungen, die die Gesellschaft an sie stellt.

Unterstützungs- und Hilfeangebote müssen deshalb auf mehreren Ebenen eine Reintegration ermöglichen:

- Eingliederungsmaßnahmen zur Stabilisierung der sozialen Situation, insbesondere zur Stabilisierung der Wohnsituation und der beruflichen Situation.
- Bearbeitung von Rollenkonflikten bzgl. der Geschlechteridentität.
- Und schließlich: Auseinandersetzung mit der Mutterrolle und die Möglichkeit einer aktiven Gestaltung des weiteren Umgangs mit den Kindern.

III. Programmatik

Im Folgenden möchte ich näher eingehen auf eine aktuelle Entschließung des Europäischen Parlaments vom März diesen Jahres zurbesonderen Situation von Frauen im Gefängnis und die Auswirkungen der Inhaftierung von Eltern auf deren Leben in Familie und Gesellschaft (P6_TA(2008)0102). Diese Entschließung geht zurück auf einen Initiativbericht des Ausschusses für die Rechte der Frau und die Gleichstellung der Geschlechter. Der Bericht wurde im Europäischen Parlament abgestimmt und mit großer Mehrheit angenommen. Die Entschließung des Europäischen Parlaments wurde an die Europäische Kommission weitergeleitet mit verschiedenen Aufforderungen, in diesem Feld tätig zu werden.

Programmatische Vorläufer finden sich in den UN-Mindeststandards für die Behandlung Gefangener und in den Europäischen Strafvollzugsgrundsätzen, wobei die Forderungen der im folgenden näher zu beschreibenden Entschließung weit über diese Standards hinausgehen und ebenfalls den Fokus ändern zugunsten der durch die Inhaftierung betroffenen Kinder. Wie die UN-Mindeststandards und die Strafvollzugsgrundsätze hat auch die Entschließung keine rechtsbindende Kraft, sondern hat den Rang einer Empfehlung an die Mitgliedstaaten.

Zusammenfassung ausgewählter Inhalte der Entschließung des Europäischen Parlaments:

Grundsätzlich sind die besonderen Bedürfnisse und Situationen von weiblichen Inhaftierten im Rahmen der richterlichen Entscheidungen, in den Strafgesetzen und von den Strafvollzugsbehörden der Mitgliedstaaten zu berücksichtigen. Hierzu gehört auch die Schulung des Personals für die besonderen Bedürfnisse und Situationen der weiblichen Strafgefangenen.

Vorauszusetzen ist, dass die Erhaltung familiärer Bindungen ein wichtiges Mittel zur Verhinderung von Rückfällen und zur sozialen Wiedereingliederung ist und alle Strafgefangenen, ihre Kinder und andere Familienangehörige einen Anspruch darauf haben, wobei jedoch die Wahrnehmung dieses Rechts für die Frauen aufgrund der geringen Zahl von Frauengefängnissen und der damit möglicherweise verbundenen geografischen Entfernung oft besonders schwierig ist.

Außerdem – und hier handelt es sich um einen Fokus, der in den bisher vorliegenden Standards in dieser Form noch keine Berücksichtigung fand – ist das übergeordnete Interesse des Kindes immer im Auge zu behalten. Hingewiesen wird auf die UN-Kinderrechtekonvention, die auch für Kinder Geltung hat, die mit einem Elternteil im Gefängnis leben (insbesondere Recht auf Bildung, Freizeitgestaltung und Gesundheitsversorgung).

Folgende Forderungen werden vom Europäischen Parlament erhoben:

- Das europäische Parlament fordert die Kommission auf, in ihrem Jahresbericht über die Menschenrechte auch die Achtung der Grundrechte von Häftlingen beiderlei Geschlechts und die besonderen Haftbedingungen für Frauen zu bewerten.

- Das europäische Parlament fordert die Mitgliedstaaten auf, den Grundsatz der Gleichstellung von Mann und Frau in ihre Strafvollzugspolitik einzubeziehen und in ihren Strafvollzugsanstalten zu verwirklichen sowie den Besonderheiten der Frauen und ihrer oft traumatischen Vorgeschichte verstärkt Rechnung zu tragen. Dies soll geschehen,

- indem das Geschlecht als Merkmal in der Datenerhebung in allen erdenklichen Bereichen eingeführt wird, um die Problematik und die besonderen Bedürfnisse der Frauen aufzuzeigen;

- indem ein Prüfungsausschuss eingesetzt wird und Systeme zur permanenten Überprüfung zwecks effizienter Kontrolle der Haftbedingungen eingeführt werden, die Diskriminierungen aufdecken und beseitigen helfen, von denen Frauen im Strafvollzug immer noch betroffen sind.

Weitere Forderungen beziehen sich auf den Erhalt der familiären Bindungen und der sozialen Beziehungen:

Das Europäische Parlament empfiehlt, Haftersatzstrafen, wie z.B. gemeinnützige Arbeit, verstärkt zu bevorzugen, insbesondere für Mütter. Bei der Wahl der Strafe sollen familiäre Faktoren berücksichtigt werden, insbesondere das übergeordnete Interesse des Kindes eines von der Justiz verfolgten Elternteils. Hier sollen auch männliche Häftlinge Berücksichtigung finden, die Kinder betreuen.

Weiter fordert das Parlament die Mitgliedstaaten auf, die Zahl von Frauengefängnissen zu erhöhen und sie besser auf ihrem Hoheitsgebiet zu verteilen, um die Aufrechterhaltung der Beziehungen zu Familie und Freunden der inhaftierten Frauen zu erleichtern. Eine Studie, die vom Ausschuss des EU-Parlamentes in diesem Zusammenhang in Auftrag gegeben wurde, empfiehlt eine gemeinsame Unterbringung von Eltern und Kindern bis zum Alter von drei Jahren. Das Parlament empfiehlt den Mitgliedstaaten die familiäre Annäherung und insbesondere die Beziehung des inhaftierten Elternteils zu seinen Kindern zu erleichtern

Mit Nachdruck werden die Mitgliedstaaten aufgefordert, ihren internationalen Verpflichtungen nachzukommen und die Gleichberechtigung und Gleichbehandlung der Kinder, die mit ihrem inhaftiertem Elternteil leben, zu gewährleisten sowie Lebensbedingungen zu schaffen, die deren Bedürfnissen angepasst sind, und zwar in von den eigentlichen Strafvollzugsanstalten völlig unabhängigen und so weit wie möglich abgelegenen Einheiten, mit Integration in die Betreuungseinrichtungen und Schulen der Gemeinde, mit flexiblen und großzügigen Ausgangsmöglichkeiten im weiteren Familienkreis oder unter Aufsicht von Vertretern von Kinderschutzvereinigungen, die ihnen eine gute physische, psychische, ethische und soziale Entwicklung ermöglichen. Gefordert wird, dass diese Einheiten über angepasste Infrastrukturen sowie qualifiziertes Personal verfügen sollten, das den inhaftierten Müttern bei ihren erzieherischen und pflegerischen Aufgaben beistehen kann.

Das Parlament stellt mit Bedauern fest, dass viele der inhaftierten Frauen allein erziehende Mütter sind, die – manchmal für immer – den Kontakt zu ihren Kindern verlieren. Deshalb sind Kommission und Mitgliedstaaten aufgefordert, alternative Strategien anzubieten unddurchzuführen, um vollständige Trennungen zu vermeiden.

Zum Schluss möchte ich wieder kurz auf die bundesdeutsche Situation zurückkommen und zwar mit einem Hinweis auf Artikel 6 Grundgesetz (Ehe – Familie – Kinder):

„(1) Ehe und Familie stehen unter dem besonderen Schutze der staatlichen Ordnung.

(2) Pflege und Erziehung der Kinder sind das natürliche Recht der Eltern und die zuvörderst ihnen obliegende Pflicht."

Dieser Schutz und dieses Recht müssen auch für inhaftierte Eltern und ihre Kinder gelten.

Bericht zur Arbeitsgruppe Jugendstrafvollzug

Klaus Jünschke

In der Arbeitsgruppe Jugendstrafvollzug gab Klaus Jünschke vom Kölner Appell gegen Rassismus (vgl. www.jugendliche-in-haft.de) zu Beginn einen allgemeinen Überblick, und Karl-Heinz Bredlow, informierte über die von ihm geleitete Jugendstrafanstalt Iserlohn (vgl. www.jva-iserlohn.nrw.de).

Beim Thema Straffälligkeit von Jugendlichen ist das öffentliche Bewusstsein von den durch die Medien spektakulär präsentierten Einzelfällen bestimmt, oft begleitet von dem Ruf nach härteren Strafen. Um das zu legitimieren, wird immer wieder suggeriert, dass die Jugendlichen heute brutaler und krimineller würden. Gerade bei der jährlichen Präsentation der Kriminalstatistiken wird hervorgehoben, dass die Zahl der Körperverletzungen wieder angestiegen sei. Die Mehrheit der Kriminologen geht jedoch davon aus, dass dieser Anstieg von Anzeigen wegen Körperverletzungen durch die gewachsene Sensibilität gegen Gewalt unter Jugendlichen bedingt ist. Verändert hat sich dadurch das Anzeigeverhalten, nicht das wirkliche Ausmaß von Jugendgewalt. Dadurch kommen heute in der Regel vermehrt geringfügige Delikte zur Anzeige. Keineswegs geht es um einen Anstieg von Mord und Totschlag. Das wird auch durch die Justizstatistiken belegt:

In der im August 2008 vom Statistischen Bundesamt herausgegebenen Broschüre „Justiz auf einen Blick" wird auf Seite 27 eine Statistik gezeigt, die darüber informiert, dass 1985 in Deutschland insgesamt 119.126 Verurteilte nach dem Jugendstrafrecht gezählt wurden und im Jahr 2006 mit 105.902 etwas weniger. 1985 und 2006 wurden davon jeweils nur 6 % zu einer Jugendstrafe ohne Bewährung verurteilt. Bei 10 % wurde die Jugendstrafe auf Bewährung ausgesetzt, 78% zu „Zuchtmitteln" (Verwarnung, Geld- und Arbeitsauflage oder Jugendarrest) verurteilt, und bei 6% wurden Erziehungsmaßregeln (Weisungen zur Lebensführung und Erziehungshilfen) angeordnet.

In den 25 geschlossenen und zwei offenen Jugendstrafanstalten der Bundesrepublik waren 2006 etwa 6.200 junge Gefangene untergebracht. Nur 10% von ihnen waren im engeren Sinne Jugendliche, also zwischen 14 und 17 Jahre alt. 50% waren Heranwachsende zwischen 18 und 20 und 40% waren 21 – 24 Jahre alt.

Die Gefangenenrate, d.h. die Zahl der Gefangenen pro 100.000 Einwohner betrug im vergangenen Jahr 91. Von den in der Bundesrepublik 2007 insgesamt etwa 73.000 Gefangenen verbüßten 71% eine Freiheitsstrafe im Erwachsenenvollzug und 8% eine Jugendstrafe. In Untersuchungshaft waren 19% und in der Sicherungsverwahrung und der Abschiebungshaft jeweils 1%.

Würden diese Zahlen in der Öffentlichkeit bekannt sein, wäre die Entdramatisierung der Diskussion um die angeblich immer weiter ausufernde und kaum noch zu kontrollierende Jugendkriminalität die Folge. Aus einer Millionenstadt wie Köln werden z.B. an einem bestimmten Stichtag rund 60 Jugendliche, Heranwachsende und junge Erwachsene in den umliegenden Jugendstrafanstalten inhaftiert. Das sind sozusagen drei Schulklassen – eine Zahl, die deutlich macht, dass die Kriminalisierung von Jugendlichen ein Phänomen ist, das sozialpädagogisch gelöst werden kann – wenn es politisch gewollt wird.

Karl-Heinz Bredlow folgte diesem Plädoyer von Klaus Jünschke für die Abschaffung der Jugendgefängnisse nicht, meinte aber immerhin, dass er sich vorstellen könne, dass 50% der in der JVA Iserlohn untergebrachten jungen Leute für Offene Formen des Vollzugs geeignet seien.

Von den pädagogischen Maßnahmen im Jugendstrafvollzug informierte er dann am konkreten Beispiel der JVA Iserlohn. Was in dieser in erster Linie für Schule und Ausbildung konzipierten Anstalt geleistet wird, hat fast alle Teilnehmer der Arbeitsgruppe überrascht. Daher vorab ein Zitat aus der Begrüßung der Besucherinnen und Besucher der Homepage www.jva-iserlohn.nrw.de durch Karl-Heinz Bredlow:

„Auch pädagogisch gestalteter Jugendvollzug wird immer ‚Entziehung der Freiheit' bedeuten. Damit trifft er die hier inhaftierten jungen Menschen nachhaltig in einer sie sehr prägenden, eigentlich von Lebendigkeit und

Erfahrungssuche bestimmten Lebensphase. Die Härte dieser ‚Entzugs'-erfahrungen, deren Ödnis und die Verlorenheit vieler der hier inhaftierten Menschen, so selbstverschuldet ihr Aufenthalt hier auch immer sein mag, kann eigentlich nur unzureichend und soll Ihnen hier auch nicht vermittelt werden. Sie sollten aber wissen, dass trotz aller Öffentlichkeitsarbeit diese Situation auch heute noch eine zum Vollzug gehörende Realität ist, die weder hier noch anderswo auch nur im entferntesten etwas mit dem zurZeit populistisch verwendeten Begriff ‚Kuschelpädagogik' zu tun hat."

Die Jugendvollzugsanstalt Iserlohn ist 1972 gebaut worden. Von den 292 Haftplätzen sind 248 für den geschlossenen Vollzug und 44 für den Offenen Vollzug und das Übergangsheim vorgesehen.

In der JVA gibt es ein eigenes Schulgebäude, deren Fenster ohne Gitter sind. In dieser Schule werden 100 Schüler in zehn Klassen von 10 Lehrern unterrichtet. Für die Teilnehmer des Berufsgrundschuljahres gibt es die Möglichkeit zum Hauptschulabschluss nach Klasse 10 und zur Erlangung der Fachoberschulreife. Wer die Vorklasse zum Berufsgrundschuljahr besucht, kann den Hauptschulabschluss nach Klasse 9 erlangen. Daneben gibt es noch mehrere Sonderformen der Vorklasse zum Berufsgrundschuljahr, zu denen auch Deutsch für Ausländer gehört.

Während vormittags Schule ist, ist der Nachmittag da für die Hausaufgaben und die Freizeitgestaltung mit von den Lehrern organisierten Musikgruppen, einer Gefangenenzeitschrift, Theaterprojekten und Projekten zum Kennenlernen fremder Kulturen zum Abbau von Fremdenhass.

Für die Berufsausbildung stehen gleichfalls 100 Plätze zur Verfügung. Es sind 12 Mitarbeiter für 100 Ausbildungsplätze – 30 Bau, 30 Metall, 20 Elektro, 10 Maler / Lackierer und 10 Garten- und Landschaftsbau – zuständig. Von 100 Plätzen entfallen 70 auf die Ausbildung der Strafhaft und 30 sind als Übungsplatz für die U-Haft bestimmt.

Zum Abschluss sprach Karl-Heinz Brelow über die hierarchische Struktur innerhalb der im Vollzug beschäftigten Leute und davon, dass diese auf alte militärische Formen zurückreichende Struktur weiter demokratisiert werden müsse.

In der folgenden Diskussion wurde darauf verwiesen, dass das Konzept von Iserlohn nicht in allen Jugendanstalten des Landes gegeben ist. Besonders kritisiert wurde die Situation in der JVA Herford, die als extremübersichert geschildert wurde.

Als positives Gegenbeispiel wurde auf das Seehaus Leonberg verwiesen: http://www.prisma-jugendhilfe.de/nachrichten/presseinfo_08_10_18.pdf – eine der wenigen offenen Vollzugseinrichtungen in der Bundesrepublik.

Die Gewalt unter den Gefangenen war ein weiteres Thema in der AG. Dabei wurde empfohlen, die Studie von Wolfgang Wirth vom Kriminologischen Dienst des nordrhein-westfälischen Justizministeriums zu lesen: http://www.justiz.nrw.de/JM/justizpolitik/schwerpunkte/vollzug/studie_gewalt_gefangene.pdf

Bezüglich der hohen Rückfallquoten im Jugendstrafvollzug wies Karl-Heinz Brelow darauf hin, dass bei den Insassen der Jugendstrafanstalten fast zu 100% alle anderen Maßnahmen versagt hätten. Die verschiedenen Möglichkeiten und Überlegungen, die Eltern der Gefangenen einzubeziehen, konnten nur angedeutet werden. Die weitere Verbesserung der Entlassungsvorbereitung und die Hilfe und Begleitung in den ersten Monaten nach der Entlassung wurde auch mit Verweis auf das Projekt Mabis diskutiert. (vgl. http://www.chance-muenster.de/mabisnet.php)

Nicht unerwähnt blieben auch die Abschiebungen aus dem Jugendstrafvollzug.

Obwohl es in der Haft mit der Gefangenenmitverantwortung, den Gefängniszeitungen und verschiedenen weiteren Projekten mit Beteiligung von Gefangenen an der Gestaltung ihrer Situation praktische Konsequenzen aus der Einsicht gibt, dass eine Behandlung nur gelingen kann, wenn sie den Subjektstatus der Gefangenen respektiert, fehlen solche Partizipationskonzepte für die Zeit nach der Haftentlassung.

Und obwohl allgemein bekannt ist, dass das Gefängnis zur Disziplinierung der Armen geschaffen wurde, kam die Diskussion in der Arbeitsgruppe Jugendstrafvollzug nicht bis zu diesem Punkt der Überwindung der sozialen Ungleichheit.

Menschen statt Mauern – Ein Praxisbericht

Klaus Jünschke

Der 1983 aus einer Unterschriftensammlung „gegen menschenfeindliche Ausländerpolitik" entstandene Kölner Appell gegen Rassismus hat seit 1993 einen Projektbereich Haftvermeidung, der seither verschiedene Gesprächsgruppen in der Justizvollzugsanstalt (JVA) Köln-Ossendorf angeboten hat. 1997 haben wir über unsere Arbeit mit dem „Kölner Stadtbuch Jugendkriminalität – Gegen die Kriminalisierung von Jugendlichen" berichtet und den Verein „Kölner Rechtshilfe gegen Abschiebung von Gefangenen" gegründet. Schwerpunkt unserer Öffentlichkeitsarbeit war in all diesen Jahren die Überrepräsentation von Menschen mit Migrationshintergrund in der Untersuchungs- und Strafhaft. Inzwischen kann auch im Periodischen Sicherheitsbericht der Bundesregierung nachgelesen werden, dass es den jahrelang behaupteten Zusammenhang – Stichwort „Ausländerkriminalität" – zwischen Nationalität und Kriminalität nicht gibt, sehr wohl aber einen Zusammenhang zwischen der Kriminalisierung und dem Aufenthaltsstatus und den damit oft ganz direkt zusammenhängenden weiteren Benachteiligungen auf dem Arbeits- und Wohnungsmarkt und im Bildungswesen.

Seit April 2007 zeigen wir vom Kölner Appell gegen Rassismus e.V. die Wanderausstellung„Menschen statt Mauern – für ein Europa ohne Jugendgefängnisse" in Schulen und anderen öffentlichen Gebäuden. Zur Ausstellung gibt es das Buch „Pop Shop – Gespräche mit Jugendlichen in Haft", dessen Texte in einer Erzählwerkstatt in der Jugendabteilung der Justizvollzugsanstalt Köln-Ossendorf entstanden sind sowie die Projekt-homepage www.jugendliche-in-haft.de

Im Mittelpunkt der Ausstellung steht eine nachgebaute Zelle in den Maßen der Zellen der JVA Köln-Ossendorf: 2 m breit, 4 m lang und 2,5 m hoch. Innen stehen ein Bett, ein Tisch, ein Stuhl, ein Spind, ein Klo und ein Waschbecken. Die JVA Köln hat uns diese Originalinneneinrichtung überlassen und eine Garnitur der Wäsche und der Gebrauchsgegenstände, die an Gefangene bei der Aufnahme von der Kleiderkammer übergeben werden. Das Fenster der Zelle bietet durch eine 1:1 Farbfotographie genau den Blick, den die Jugendlichen in den Gefängnishof haben. Auf dem Tisch steht ein kleiner Fernseher mit dem ein vierminütiges Interview mit einem Jugendlichen abgespielt werden kann, der 2006 inhaftiert war und mit drastischen Worten von seiner Hoffnungslosigkeit spricht. Um die Zelle herum haben wir 23 Tafeln angebracht. Neben den verschiedenen Aspekten der Kriminalisierung und der Inhaftierung von Jugendlichen wird auch die Geschichte des Gefängnisses und des Strafens thematisiert. Auf zwei Stellwänden haben wir zusätzlich Informationen über die verschiedenen Einrichtungen und Initiativen der Straffälligenhilfe in Köln angebracht.

Für die Übernahme der Schirmherrschaft für die Ausstellung konnten wir den ehemaligen Bundesinnenminister Gerhart Baum gewinnen. Bei den meisten Ausstellungseröffnungen war er anwesend und hat in seinen Redebeiträgen unsere Intention unterstützt, mit der Ausstellung darauf zu bestehen, dass auf soziale Konflikte sozial und nicht repressiv zu reagieren ist, wenn man sie tatsächlich lösen will. Repression macht aus sozialen Konflikten Probleme der Überwachung und Kontrolle.

Die Ausstellung haben wir Jörn Foegen gewidmet, dem 2006 verstorbenen Leiter der JVA Köln-Ossendorf, weil er sich öffentlich wahrnehmbar Gedanken darüber machte, wie die Zahl der Gefängniszellen abgebaut werden könnte. Auf der Tafel an der Zellentür können entsprechende Zitate von ihm gelesen werden. Angesichts der großen Zahl von Gefangenen mit Drogenproblemen hat er immer betont, dass er Gefängnischef und kein Klinikchef ist: „Ich könnte ein Drittel aller Zellen dicht machen, wenn wir eine an Leidverminderung orientierte Drogenpolitik hätten und die inhaftierten Drogensüchtigen als die Kranken behandelt würden, die sie sind." Außerdem wies er immer wieder darauf hin, dass selbst die Staatsanwälte in Köln der Auffassung sind, dass die Zahl der Straftaten, die mit dem Täter-Opfer-Ausgleich alternativ geregelt werden könnten, ein Vielfaches von dem beträgt, was durch den Verein die Waage e.V., der in Köln für den Täter-Opfer-Ausgleich zuständig ist, tatsächlich erledigt wird.

Gefördert wurden das Buch „Pop Shop – Gespräche mit Jugendlichen in Haft" und die Ausstellung von der Stiftung Fonds Soziokultur, dem Hilfsverein des Kölner Stadtanzeigers „wir helfen" und der Sparkasse KölnBonn. Auf die erste öffentliche Präsentation der Ausstellung im Kalk-Karree, einem Gebäude indem Sozial- und Jugendamt der Stadt Köln untergebracht sind, haben die lokalen Medien mit Berichten reagiert, in denen hervorgehoben wurde, dass der Besuch unserer Ausstellung zur Abschreckung beitrage. So titelte die Kölnische Rundschau: „Abschreckender Blick in die Welt hinter Gittern". Wir haben seither immer explizit betont, dass unsere Ausstellung kein Abschreckungsprojekt ist. Das Gegenteil ist der Fall – wir wollen mit der Ausstellung und der Präsentation der Zelle die Zahl derjenigen vergrößern, die gegen die Unterbringung von Jugendlichen in Zellen sind. Auf der letzten Tafel ist daher auch ein Zitat von Bernhard Bueb gestellt, der dreißig Jahr das Internat Schloß Salem geleitet hat: „Die Jugendlichen in Haft haben dasselbe Recht auf eine gleich gute Erziehung wie die Jugendlichen in Salem. Der Weg mit Straftätern sollte ein ganz normaler pädagogischer Weg sein. 23 Stunden Einsperren in eine Einzelzelle ist für einen Menschen in der vitalsten Phase seines Lebens jenseits aller Menschlichkeit."

Rückfallstudien, die nur festhalten, ob Jugendliche und junge Erwachsene nach der Haftverbüßung wieder straffällig werden, kommen zu dem Ergebnis, dass 80% der zu einer Haftstrafe ohne Bewährung Verurteilten wieder straffällig werden. Wer den Unterschied zwischen Hell- und Dunkelfeld kennt, weiß, dass es sich bei diesen 80% nur um die durch Strafanzeigen bekannt gewordene Rückfälligkeit handelt.Jeder zweite Jugendliche, der erstmals im Jugendstrafvollzugwar, wird erneut zu einer Jugendstrafe verurteilt, weil die bekannt gewordenen Delikte als so schwerwiegend beurteilt werden, dass Jugendrichter mit dieser „ultima-ratio"-Maßnahme reagieren. Was uns differenzierteRückfallstudien auch vermitteln, ist, dass diejenigen, die in der Haft eine Berufsausbildung erfolgreich abgeschlossen haben, nur zu 21% rückfällig werden. Das ändert nichts an der Tatsache, dass 50% der erstmals aus dem Jugendvollzug Entlassenen wiederkommen. Obwohl sie das Gefängnis kennen und mit dem festen Vorsatz verließen, nie mehr inhaftiert zu werden, werden sie rückfällig. Abschreckung funktioniert nicht.

Nach diesem Eingangsstatement, mit dem den Besuchern der Ausstellung und besonders den Medienvertretern deutlich gemacht wird, dass sie „Menschen statt Mauern – für ein Europa ohne Jugendgefängnisse" wörtlich nehmen sollen, fordern wir die Anwesenden regelmäßig auf, sich zu fragen, woher ihre Vorstellung von Jugendkriminalität kommt. Wir fragen sie anschließend, was sie glauben, wie viele Jugendliche aus ihrer Stadt bzw. Gemeinde an diesem Tag wohl in Haft sind. Da es Medien und populistische Politiker geschafft haben, mit der Kriminalitätsfurcht ein neues soziales Phänomen zu schaffen, das viele Menschen glauben lässt, die in den Medien allgegenwärtige Jugendkriminalität sei tatsächlich eine außer Kontrolle geratene Gefahr für das gesellschaftliche Zusammenleben, kommt es regelmäßig bei solchen Fragen zu Schätzungen, die deutlich über der Zahl der Inhaftierten liegen. In Köln haben wir es schon erlebt, dass erwachsene Menschen davon ausgehen, dass mehr Jugendliche und junge Erwachsene aus Köln in Haft sind, als in ganz Nordrhein-Westfalen insgesamt.

In den Jugendvollzugsanstalten in Nordrhein-Westfalen, dem bevölkerungsreichsten Bundesland in Deutschland mit 16 Millionen Einwohnern, sind ca. 1.700 junge Leute inhaftiert. Für eine Millionenstadt wie Köln bedeutet das, dass ca. 100 junge Leute in Haft sind. Da nur 10% aller im Jugendvollzug Inhaftierten unter 18 Jahre alt sind, bedeutet dies, dass an einem beliebigen Stichtag nur ca. 10 Jugendliche aus Köln inhaftiert sind. 50% aller Gefangenen in den Jugendgefängnissen sind zwischen 18 und 20 und 40% sind zwischen 21 und 24 Jahre alt. Für Menschen, die ihr Wissen über Jugendkriminalität über die Polizeiliche Kriminalstatistik beziehen und die reißerischen Berichte, mit denen spektakuläre Gewalttaten präsentiert werden, ist es nicht einfach wahrzunehmen, wie klein die Zahl der inhaftierten jungen Leute ist.

Wir wählen diesen Zugang zum Phänomen Jugendkriminalität, um deutlich zu machen, dass wir es entgegen der öffentlichen Auseinandersetzung nicht mit einem aus dem Ruder gelaufenen Problem, sondern mit einer kleinen überschaubaren Zahl von jungen Leuten zu tun haben, die sozialpädagogisch handhabbar ist – je nach Gemeindegröße ist es oft nur der Bruchteil einer Schulklasse.

Mit dieser Art Information und Diskussion wollen wir über die Größe der Zahl der inhaftierten jungen Leute aus der eigenen Stadt oder Gemeinde nicht nur Angst abbauen helfen und vermitteln, dass unser Motto „Menschen statt Mauern – für ein Europa ohne Jugendgefängnisse" keine unrealistische Utopie ist. Wir wollen gleichzeitig sensibel dafür machen, dass es sich bei den Weggeschlossenen nicht um Exoten handelt, sondern um junge Mitbürger und – eher selten – Mitbürgerinnen.

Alles was wir aus den narrativen biographischen Interviews von jungen Gefangenen erfahren können, bekommt in diesem Kontext eine gesellschaftsverändernde Bedeutung, wenn man sich die Frage stellt, was in der Stadt bzw. Gemeinde anders hätte sein müssen, damit es diesen Weg in das Gefängnis nicht gegeben hätte.

Wenn wir die sozialen Merkmale der Gefangenen referieren und die große Zahl derjenigen mitteilen, die keinen Schulabschluss haben, gibt es jedes Mal einen Lacherfolg, wenn wir aus der Tatsache, dass kaum Schülerinnen und Schüler aus den gymnasialen Oberstufen in Haft sind, die Forderung „nach Abitur für alle" aufstellen. Eine hoffnungsvolle Entwicklung ist die zunehmende Zahl derjenigen, die für Ganztagsschulen für alle Kinder sind. Die PISA-Studien haben nicht nur die anachronistische hochselektive Funktion des dreigliedrigen bundesdeutschen Schulsystems in die Diskussion gebracht, sondern einmal mehr vermittelt, dass auch die Überrepräsentation von Menschen mit Migrationshintergrund in den Gefängnissen nicht Resultat ihrer Charaktereigenschaften, sondern Folge sozialer Diskriminierung ist.

Die Zelle – ein Übergriff

Angesichts des durch neuere Studien bekannt gewordenen Umfangs der Gewalt unter den Gefangenen wurde zum Schutz vor Übergriffen das Recht auf Einzelunterbringung betont, ohne Gefühl dafür, dass schon die Zelle selbst ein Übergriff ist – und dieser Übergriff findet zudem oft in einem Raum statt, der auch schon im Kaiserreich, in der Weimarer Zeit und im Nationalsozialismus dazu diente, junge Leute festzuhalten. (Diese Problematik ist sowieso kaum jemandem bewusst).

Ein schwäbisches Sprichwort sagt, dass der Raum der dritte Lehrer ist – nach den anderen Kindern und dem Lehrer. In der Diskussion um die Jugendstrafvollzugsgesetze wird aber der Raum – hier also die Zelle – in seiner Bedeutung als „Lehrer" nicht reflektiert. Allenfalls hört man Empfehlungen über die Zahl der maximalen Haftplätze in einer JVA oder über die Größe von Wohngruppen. Doch selbst hier werden die Ratschläge von Fachleuten ignoriert. In Nordrhein-Westfalen werden Jugendgefängnisse mit 500 Haftplätzen konzipiert, in denen allein diese große Zahl zu rein bürokratischer Verwaltung führen muss; der ideale Nährboden für das Fortleben von Subkulturen mit ihrer sattsam bekannten Gewalt. In Köln sind die Jugendlichen in einem Hochsicherheitsgefängnis untergebracht, das in den sechziger Jahren gebaut wurde – die Diskussion um die Käfighaltung von Tieren ist heute weiter, als es damals die Überlegungen zur Unterbringung von Gefangenen waren. Es ist weder für die Menschen, die dort zwangsweise untergebracht sind noch für die Menschen, die dort arbeiten, ein akzeptabler Ort. Die Unterbringung in diesen Zellenhäusern ist mit ein Grund für die hohe Rückfallquote der Jugendlichen. Das ist quasi der heimliche Lehrplan solcher Einrichtungen.

Diese schlimmen Auswirkungen der Unterbringung in einer Einzelzelle werden inzwischen auch da wahrgenommen, wo die Weichen für einen anderen Umgang mit den jungen Gefangenen gestellt werden können. Nach dem Tötungsdelikt der JVA Siegburg, wo auf einer „Gemeinschafts"-Zelle drei Gefangene ihren Mitgefangenen Hermann Heibach zu Tode quälten, hat sich im Landtag von Nordrhein-Westfalen eine Untersuchungskommission gebildet, die Anfang Februar 2009 in einem Zwischenbericht deutlich machte, dass sie die Feststellungen von Experten ernst nehmen wollen, die besagen, dass junge Täter in der U-Haft oft erst die psychischen Schäden erleiden, die eine Eingliederung ins „normale Leben" später kaum möglich machen. Es ist ein Bewusstsein davon entstanden, dass es kaum Alternativen zur Untersuchungshaft gibt. Das will man in Nordrhein-Westfalen ändern.

Gespräche mit den Leitern der Jugendgefängnisse können den Abgeordneten darüber hinaus vermitteln, dass diese davon ausgehen, dass 50% ihrer Gefangenen ohne weiteres in ambulanten Einrichtungen untergebracht werden könnten.

Es gibt Menschen, deren Bewegungsfreiheit vorübergehend eingeschränkt werden muss, weil sie für sich und andere eine Gefahr sind. Aber das sollte in Häusern mit Zimmern geschehen, in Räumen, deren Türen innen eine Klinke haben, die sie folglich verlassen können, wenn sie in Angstzustände geraten. Und sie sollten vor der Zimmertür immer jemanden treffen, mit dem sie sprechen können.

Literaturhinweis:

Klaus Jünschke (Hrsg.), Pop Shop: Einschluss bis zum nächsten Umschluss. Jugendliche in Haft erzählen. Konkret Literatur Verlag, Köln 2007, 240 Seiten.

Vgl. auch: www.jugendliche-in-haft.de

Haftbedingungen in deutschen Strafvollzugsanstalten aus sprachwissenschaftlicher Perspektive

Gabriele Klocke

1. Vorbemerkungen

Die Leserinnen und Leser der Dokumentation erwartet an dieser Stelle nicht die Zusammenfassung eines Berichts: Ich habe während der Tagung als fachfremde Beobachterin sowie als Teilnehmerin des Schlusspodiums eine Sammlung meiner wichtigsten Eindrücke erstellt. Meine fachfremde und doch vertraute Perspektive auf das Gefängnis ergibt sich daraus, dass ich seit dem Jahr 1999 zu soziolinguistischen und kriminologischen Forschungszwecken regelmäßig mit bundesdeutschen geschlossenen Strafvollzugsanstalten forschungskooperiert habe (mehrere Monate teilnehmende Beobachtung sowie Interviews und schriftliche Befragungen von Beamten und Inhaftierten).

2. Sprechen in Haft

Der Mensch ist nicht nur sprachbegabt, sondern auch und gerade sprachbedürftig. In psycholinguistischen natürlichen Experimentsituationen der Hospitalismusforschung konnte nachgewiesen werden, dass die Ansprache durch Mitmenschen eines der angeborenen Grundbedürfnisse des Menschen ist. Mit dem Vollzug der Freiheitsstrafe in Anstalten des geschlossenen Strafvollzugs wird den Insassen eine Vielzahl an kommunikativen Einschränkungen zugemutet.

Wenn auf strafvollzugskritischen Tagungen wie der in diesem Band dokumentierten über deutsche Haftbedingungen gesprochen wird, stehen dabei die fraglos wichtigen Aspekte der Haftraumgröße und -ausstattung sowie die materielle Versorgung der Insassen im Vordergrund. Entsprechende Standards könnten, wie etwa Johannes Feest es in seinem Tagungsbeitrag einfordert, in den Vorschriften zum Strafvollzug explizit formuliert, standardisiert und damit auch quantifiziert werden. Bedingungen des Miteinandersprechens lassen sich jedoch kaum eindeutig standardisieren. Ebenso wenig lassen sich Möglichkeiten des Miteinandersprechens quantifizieren.

2.1. Sprachliche Deprivation[3]

Das ungestillte Bedürfnis nach authentischer Ansprache

Wie aus einigen Beiträgen dieser Dokumentation hervorgeht, sehen sich Gefangene sowohl den Situationen der Einzelhaft als auch Situationen der Haftraumüberbelegung ausgesetzt. Beide Situationen stellen aus kommunikationspsychologischer Perspektive besondere Belastungssituationen dar. In Gesprächen mit Inhaftierten konnte ich erfahren, dass die Bedingungen der Einzelhaft ein starkes Bedürfnis nach Ansprache mit sich bringen. Zu Isolationsinhaftierten hatte ich bislang zwar keine Forschungskontakte, gehe jedoch davon aus, dass bei diesen der Bedarf nach einem Ansprechpartner ebenfalls stark, wenn nicht gar noch stärker ausgeprägt ist.

Aus dem Beitrag Klaus Jünschkes, welcher in diesem Band die Einzelzellenhaft und das „silent system" thematisiert, geht sehr anschaulich hervor, dass und wie die Vereinzelung der Insassen Teil des strafvollzuglichen Grundkonzeptes war und immer noch ist. Daran ändern auch die in vielen Anstalten gängigen Auf- und Umschlusszeiten, während derer sich die Gefangenen gegenseitig in ihren Haftraumen besuchen oder sich auf dem Gang treffen können, nur wenig.

Das Bedürfnis nach Ansprache kann, für Außenstehende wider Erwarten, auch in überbelegten Haftraumen oder Hafthäusern ungestillt bleiben: Ist die Fluktuation der Insassen dort hoch, so haben die Inhaftierten keine Zeit, eine Vertrauensbasis für authentische Gespräche aufzubauen. Man muss sich

---

[3] Die Ausführungen dieses Kapitels basieren hauptsächlich auf Erfahrungen, welche ich im Rahmen der empirischen Forschungen meiner Doktorarbeit gesammelt habe. Vgl. Klocke 2004.

immer wieder vor Augen führen, dass es sich bei der Sprechergemeinschaft der Inhaftierten um eine Zwangsgemeinschaft handelt, deren Angehörige sich ihre Gesprächspartner nur bedingt aussuchen können. Aus diesem Grund halte ich es für sehr wichtig, die Zeiten für Besuche von Angehörigen nicht auf wenige Stunden monatlich zu begrenzen, sondern diese großzügiger zu gestalten und den Inhaftiertenso die Möglichkeit zu Gesprächen mit signifikanten Anderen zu geben.

In einer während der Tagung spontan gebildeten Arbeitsgruppe zum Thema „Bedingungen der Untersuchungshaft" wurde als eines der zentralen Ergebnisse festgehalten, dass insbesondere Untersuchungsgefangene ein starkes Bedürfnis nach kommunikativem Austausch haben. Einerseits sind die Kontaktmöglichkeiten zu ihrennahen Angehörigen aufgrund verfahrensrechtlicher Bedingungen ungleich mehr reduziert als dies bei Strafgefangenen ohnehin der Fall ist. Des Weiteren müssen Untersuchungshäftlinge eine Situation der besonderen Statusunsicherheit und Zukunftsangst ertragen. Die meisten Untersuchungsinhaftierten befinden sich darum in einem Zustand der Unruhe, den sie auf dem Wege zahlloser Kurzgespräche mit Mitgefangenen und Anstaltspersonal zu kanalisieren versuchen. Der sparsam bemessene Personalschlüssel führt dazu, dass Sozialarbeiter, Psychologen und Vollzugsbeamte sich als Ansprechpartner überfordert sehen und den Rederechtsansprüchen von Inhaftierten regelmäßig eine Absage erteilen müssen.

Das ungestillte Bedürfnis nach Schweigen und Ruhe

Manche seit längerer Zeit inhaftierte Gefangene berichteten mir hingegen von dem Verlangen nach Ruhe und Schweigen. Sie möchten sich in einen Einzelhaftraum zurückziehen, um nicht zu jeder Tages- und Nachtzeit der potentiellen Ansprache durch Mitgefangene ausgesetzt zu sein. Insbesondere in älteren und darüber hinaus überbelegten Haftanstalten wird diesem Wunsch nur in ausgewählten Fällen entsprochen.

Der Wohngruppenvollzug, welcher dem gefangenenseitigen variablen Bedürfnis nach Ansprache und Ruhe noch am ehesten gerecht wird, findet sich nur sehr vereinzelt in der Landschaft des deutschen geschlossenen Strafvollzugs.

Von Grünlilien und Schwarzbrotkügelchen

Sowohl die sprachliche Vereinsamung von Einzelinhaftierten als auch die ständige Konfrontation mit aufdringlichen Redebeiträgen in mehrfach belegten Hafträumen treibt verzweifelte Blüten im Verhalten der sprachlich deprivierten Gefangenen:

Während meiner teilnehmenden Beobachtungen in mehreren Gefängnissen konnte ich vier Langzeitinhaftierte kennenlernen, die einen sprechbegabten Vogel im Haftraum halten durften. Beos, Graupapageien oder ähnliche Vögel sind fähig, Laute zu artikulieren, welche in Reihe bestimmten Redeflussausschnitten ihrer Hauptbezugspersonen ähneln und als Realisierung von Sprache wahrgenommen werden. Es handelt sich jedoch nicht um sinnvolle sprachliche Einheiten sondern um imitierte Laute. Diese Vögel sind damit sprechbegabt und nicht sprachbegabt. Die Lautproduktion wird möglich im Rahmen einer engen Beziehung zwischen Tier und Mensch. Solche Vogel-Mensch-Beziehungen können eine wichtige Funktion für einsame Inhaftierte haben. Nachdem es in den meisten Haftanstalten nicht mehr möglich ist, sprechbegabte Tiere im Haftraum zu halten, sind die Inhaftierten darauf angewiesen, sich einen vermeintlichen Ansprechpartner zu erschaffen oder Selbstgespräche zu führen. Einige wenige Gefangene haben die Möglichkeit, einen wie auch immer gearteten kommunikativen Kontakt zu Abteilungshaustieren, wie etwa Katzen aufzubauen. Auch sind Dialoge mit dem massenmedialen Gegenüber oder mit Grünpflanzen für Einzelinhaftierte keine Ausnahmen. Ein Inhaftierter berichtete mir von einer Grünlilie, welche in seinem Haftraum „Kinder" (d.h. Ableger) bekommen habe. Mit denen unterhalte er sich bisweilen auch.

Auch in mehrfach belegten Hafträumen macht die kommunikative Not erfinderisch: In einer der von mir besuchten Anstalten berichtete mir ein Inhaftierter von der Möglichkeit, sich aus noch frischem Schwarzbrot Kügelchen zu formen. Stecke man sich diese ins Ohr, so sei man der Stimmenkulisse eines mehrfach belegten Haftraumes nur in gedämpfter Form ausgesetzt. Die Anstalt ihrerseits hielte für die Inhaftierten keine Ohrstöpsel bereit.

Die Beispiele zeigen, welch absurd anmutenden Verhaltensweisen Gefangene bisweilen an den Tag legen, um im strafvollzuglichen Alltag an ihren Rollen als Sprecher und Hörer nicht zu scheitern. Inwiefern unter solchen sprachlich deprivierenden Bedingungen ein Lernen für die Freiheit stattfinden soll, bleibt ungeklärt.

Scheinlösung: Gegensprechanlage

Nach meinen Erfahrungen verweisen die Angehörigen von Strafvollzugsanstalten gerne auf die kommunikativen Möglichkeiten, welche sich ihnen mit der Nutzung der Gegensprechanlage auf den Abteilungen erschließen. Dieses technische Gerät wurde mit dem Ziel eingeführt, Laufstrecken zwischen Dienstzimmer und Haftraum zu reduzieren, die diensthabenden Beamten zu entlasten und die Gefangenen zeitnäher zu bedienen – so die Begründungsmuster der Anstalten. Übersehen wurden dabei jedoch die gesprächspragmatischen Nachteile, welche der Gebrauch einer solchen Anlage mit sich bringt: Die Laufstrecken der Beamten konnten in der Tat reduziert werden. Das führte in Zeiten der Personalverknappung jedoch nicht dazu, dass die Beamten nun mehr Zeit für längere Gespräche mit Gefangenen hatten. Vielmehr wirkt sich der Gebrauch der Gegensprechanlage so aus, dass sich die persönlichen Kontakte zwischen Inhaftierten und Beamten auf ein Minimalmaß reduziert haben. In der Tat konnte auch die Bedienung der Inhaftierten durch den Beamten zeitlich effektiver gestaltet werden. Dies führte jedoch in der Nebenfolge dazu, dass die Gegensprechanlage in manchen Fällen für die Übermittlung von sensiblen Nachrichteninhalten missbraucht wurde. Man muss dabei bedenken, dass eine per Gegensprechanlage vermittelte Nachricht in einem mehrfach belegten Haftraum nicht nur von dem betreffenden Gefangenen, sondern von sämtlichen Haftraumgenossen, wenn sie nicht gerade Schwarzbrotkügelchen im Ohr haben, mitgehört wird. Ebenso hören Mitgefangene zwangsläufig die Anrufungen ihrer Haftraumkollegen in Richtung Dienstzimmer mit. Diese Praxis widerspricht eindeutig dem Bedürfnis nach Privatheit und in manchen Fällen sicherlich auch dem Datenschutz.

2.2. Benachteiligung von fremdsprachigen Inhaftierten

Die unter 2.1. genannten sprachlichen Deprivationsbedingungen verstärken sich im Kontext der Fremdsprachigkeit bzw. des Analphabetismus. Im Folgenden werden einige Beispiele hierfür angeführt.

Mitgefangenendolmetsch und strafvollzugliches Übersetzen

Deutsche Justizvollzugsanstalten sind Orte der Vielsprachigkeit: Insbesondere auf den Abteilungen für Untersuchungshaft, aber auch in Häusern der Strafhaft sind erhebliche Anteile der Gefangenengruppe fremdsprachig beheimatet. Auch einige Inhaftierte mit deutscher Staatsbürgerschaft sprechen Deutsch nur zweitsprachig. Dies ist bei eingebürgerten Migranten ebenso der Fall wie bei Aussiedlern. Auf einigen Abteilungen der Untersuchungshaft sind bis zu 70% der Inhaftierten auch oder ausschließlich Sprecher fremder Sprachen. Aus diesen kontaktlinguistischen Situationen resultieren nicht selten Konflikte, welche den ohnehin angespannten Vollzugsalltag zusätzlich belasten.

Anders als vielleicht zu vermuten wäre, haben die meisten Strafvollzugsanstalten auf diese Situation nicht mit der Einstellung kompetenter Dolmetscher in den Kreis der Fachdienste reagiert. Auch die Kooperation mit professionellenDolmetscherbüros stellt eine Ausnahme im strafvollzuglichen Alltag dar. Vielmehr vertraut man auf die Selbsthilfe innerhalb der Gefangenengemeinschaft: In der Regel findet sich für jede der gängigen Fremdsprachen ein bilingualer Mitgefangener, welcher von der Anstalt auch in vollzugsrelevanten Angelegenheiten unentgeltlich als Dolmetscher eingesetzt wird. Die Anstalten nehmen dabei potentielle Übersetzungsunschärfen, datenschutzrechtliche Verstöße sowie Abhängigkeitsverhältnisse innerhalb der Gefangenengruppe billigend in Kauf.

---

[14] Ausführungen zu den Benachteiligungslagen analphabetisierter deutschsprachiger Inhaftierter finden sich in meinem Beitrag Klocke 2007.

Inhaftierte mit selten vorkommenden Fremdsprachen fristen ein Dasein am Rande der Gefängnisgesellschaft. Sie können am sprechergemeinschaftlichen Miteinander gar nicht teilnehmen. Auch kann ihnen in Fällen der rechtlichen oder alltäglichen Bedürftigkeit nur sehr eingeschränkt geholfen werden.

Beherrscht ein fremdsprachig beheimateter Gefangener die deutsche Sprache mündlich gut, ist ihm damit im Bereich des justiziellen Schriftverkehrs noch nicht geholfen. In den meisten Anstalten werden zwar die Hausordnungen in die gängigen Fremdsprachen übersetzt und ausgehängt. Die meisten Bereiche des strafvollzuglichen Alltags erschließen sich den fremdsprachigen Inhaftierten jedoch erst nach einer Weile im Rahmen der durch die totale Institution vorgegebenen gleichförmigen Tages- und Tätigkeitsrhythmen. Die oben genannten Mitgefangenendolmetscher können, sofern sie in der Zielsprache Deutsch alphabetisiert sind, entsprechenden sprachunkundigen Mitgefangenen als Mitgefangenenübersetzer helfen – mit allen bereits erwähnten Nachteilen.

Sprachenbedingte Benachteiligung

Der hohe Anteil fremdsprachiger Inhaftierter an der gesamten Gefangenengruppe provoziert sowohl auf Seiten des Behandlungs- als auch des Sicherheitspersonals dazu, die strafvollzugliche Sprachenvielfalt nicht nur als einen die Sache verkomplizierenden Makel des Strafvollzugs anzusehen. Gegenüber einigen Inhaftiertengruppen wird darüber hinaus ein Generalverdacht der konspirativen Geheimsprachigkeit gehegt. Dies trifft insbesondere auf die Gruppe der russlanddeutschen Inhaftierten zu, welche sich untereinander zumeist konsequent muttersprachlich austauschen. Aus diesem Grund unterliegt die russischsprachige Gefangenengruppe inoffiziell einer Sonderbehandlung, die in manchen Fällen auch in eine Schlechterstellung gegenüber anderen fremdsprachigen Migrantengruppen münden kann. Eine zunehmende Ablehnung gegenüber der Vielsprachigkeit des Strafvollzugs lässt sich beispielhaft einem offizialisierten Text, nämlich dem § 34 des Bayerischen Strafvollzugsgesetzes entnehmen: „Der Anstaltsleiter oder die Anstaltsleiterin kann Schreiben anhalten, wenn [...] 6. sie in Geheimschrift, unlesbar, unverständlich oder ohne zwingenden Grund in einer fremden Sprache abgefasst sind; ein zwingender Grund zur Abfassung eines Schreibens in einer fremden Sprache liegt in der Regel nicht vor bei einem Schriftwechsel zwischen deutschen Gefangenen und Dritten, die die deutsche Staatsangehörigkeit oder ihren Lebensmittelpunkt im Geltungsbereich des Grundgesetzes haben." Mit den „deutschen Gefangenen" sind hier nach meiner Vermutung zuvorderst russlanddeutsche Inhaftierte gemeint, welche häufig mit russlanddeutschen Angehörigen im Schriftwechsel stehen, die ihrerseits ebenfalls deutsche Staatsbürger sind. Unter der Annahme, dass jeder Russlanddeutsche über die deutsche Staatsbürgerschaft verfügt, lässt sich aus dem von mir hervorgehobenen Textabschnitt aussagenlogisch (neben anderen) folgender Satz ableiten: Ein zwingender Grund zur Abfassung eines Schreibens in einer fremden Sprache liegt in der Regel nicht vor bei einem Schriftwechsel zwischen russlanddeutschen Gefangenen und Dritten, die Russlanddeutsche sind oder ihren Lebensmittelpunkt im Geltungsbereich des Grundgesetzes haben.

Es ist selten der Fall, dass sprachenbedingte Benachteiligung in solch deutlicher Form in einem Gesetzestext festgeschrieben wird. Für die beiden anderen Landesstrafvollzugsgesetze (Niedersachsen, Hamburg) wurde in diesem Zusammenhang der im alten Bundesstrafvollzugsgesetz enthaltene erste Satz der Nr. 6 ohne Ergänzung übernommen. Das Land Bayern ist mit seiner Gesetzesergänzung, so ist zu befürchten, schlichtweg auf ehrliche und damit offensive Weise mit einer kritikwürdigen Praxis an die Öffentlichkeit herangetreten, welche in anderen Bundesländern vermutlich in ähnlicher Weise gehandhabt wird, jedoch nicht gesetzlich gedeckt ist.

In jedem Fall widerspricht eine solche Praxis, sei sie nun offiziell oder inoffiziell geregelt, den Empfehlungen des Europarates zum Freiheitsentzug („Europäische Strafvollzugsgrundsätze") zum Umgang mit ethnischen oder sprachlichen Minderheiten (38.1-3).[15]

---

[15] Internetquelle (PDF-Datei):
http://www.bmj.bund.de/files/-/2308/Europ%20Strafvollzugsgrundsaetze%202006.pdf

3. Sprechen über Haft

Der thematisch vorab informative Reader zur Tagung enthielt auch einen kurzen Beitrag von mir. Dort wird neben meinen Ausführungen zur Benachteiligung zur Fremdsprachigkeit von Inhaftierten erklärt:

„Die Rechtslinguistik beschäftigt sich unter anderem damit, wie Sprache im Kontext des Rechts verwendet wird und wie Sprache und damit auch unser Denken durch den Kontext des Rechts beeinflusst wird. […] Im Bezug auf das Tagungsthema kann man sich fragen, welche Worte wir während der Tagung wählen, um über die Welt des Strafvollzugs zu sprechen, welche Worte wir im Strafvollzugsalltag verwenden, warum wir solche Wortwahlen treffen und wie sich solche Wortwahlen auf den Strafvollzugsalltag und die Strafvollzugspolitik auswirken. Was ist eigentlich der diskurspragmatische Unterschied zwischen den Ausdrücken ‚Gefängnis' und ‚Knast'? Macht es einen Unterschied, ob wir den einen oder anderen Ausdruck gegenüber Gefangenen, Vorgesetzten oder Kollegen verwenden? Provozierend gefragt: Kann sich ein Komitee im kriminalpolitischen Kontext effektiv Gehör verschaffen, wenn es die Lexeme ‚Gefängnis' und ‚Knast' im Tagungstitel führt?"

Ich habe diesen Punkt während der Tagung nur vorsichtig in informellen Unterhaltungen angesprochen und entsprechende mündliche Wortwahlen auch auf der Tagung beobachten können. Auf Seiten der Tagungsteilnehmer bestand mehrheitlich kaum Interesse am oder sogar Unverständnis gegenüber dem Thema „Wortwahlen im abolitionistischen Diskurs". Lediglich zwei VertreterInnen der interessierten Medien bekundeten mir gegenüber ihr Befremden infolge der leichtfertigen und wiederholten Verwendung des Wortes „Knast" im Kontext der Tagung.

Verständiges Nicken im Publikum konnte ich jedoch dann erkennen, als es nicht um die Frage ging, wie wir selber, sondern wie Strafvollzugsmitarbeiter, also andere, über Haft sprechen.

3.1. Im Gefängnis „sitzen" oder „liegen"

„Der Gefangene X sitzt in Brackwede ein. Er liegt in Hafthaus B auf Abteilung eins in Zelle acht. In zwei Wochen wird er nach Darmstadt in den offenen Vollzug verlegt." Solche oder ähnliche Sätze sind für Mitarbeiter und Insassen des Strafvollzugs lexikalisch wohlgeformt und satzsemantisch korrekt. Dennoch kann man sich fragen, warum die Mitarbeiter des Strafvollzugs von „einsitzenden" oder gar von „liegenden" Gefangenen sprechen. Aus sprachwissenschaftlicher Perspektive lässt sich das mit dem metaphorischen Denken des Menschen erklären[16]: Der Mensch ermächtigt sich der ihn umgebenden Welt, indem er über sie in Bildern spricht. Wie wir die Welt erleben, wie wir in ihr leben und auch wie wir sie handelnd verändern – all das spiegelt sich auch und gerade in unseren sprachlichen Gewohnheiten wider. Wortwahlen erfolgen nicht kontingent, sondern sinnhaft. Aus der Perspektive der Justizvollzugsmitarbeiter verbringen Gefangene tatsächlich einen Großteil des Tages liegend in ihren Afträumen – es sei denn, sie verfügen über einen Arbeitsplatz, wo sie regelmäßig auch sitzen, stehen oder laufen. Frau Rödder und Klaus Jünschke haben in ihren Beiträgen das liegende Dasein der Inhaftierten bereits angesprochen. Es hat sich nicht nur die Zellenhaft aus der Kaiserzeit bis heute erhalten, sondern auch der mit ihr verbundene Sprachgebrauch. Strafvollzugliche Ereignisabfolgen, welche sich aus der Perspektive einer bestimmten Personengruppe regelhaft und über einen längeren Zeitraum wiederholen, werden mit recht hoher Wahrscheinlichkeit benannt, was Prozesse der Wortbildung und Wortneuschöpfung erforderlich macht: Wenn etwa westfälische Gefangene die Gruppe der Sozialarbeiter als „Händegebunden" bezeichnen, dann tun sie dies nicht aus einer beliebigen Laune heraus. Sie treffen die Wortwahl mit dem perspektivischen Wissen, dass von Sozialarbeitern in aller Regel nur sehr wenig Hilfe und in vielen Fällen nur das Phrasem „Mir sind da die Hände gebunden." zu erwarten ist. Ein Anstaltsleiter hingegen würde aus nachvollziehbaren Gründen seine Sozialarbeiter in keinem Fall als „Händegebunden" bezeichnen. Während das Wort „Händegebunden" nicht fest lexikalisiert ist und nur eine regionaltypische

---

[16] Vgl. Lakoff & Johnson 2004.

Variante des gefängnistypischen Soziolekts ist, so haben sich hingegen die Worte „liegen" und „sitzen" im semantischen Kontext des Strafvollzugs lexikalisch verfestigt. Die Verwender dieser Worte können sich nur schwer von diesen distanzieren, weil ihr Gebrauch routinisiert ist. Dies kann man besonders gut daran erkennen, dass wir alle den Satz „Der Gefangene X wohnt in Brackwede. Er lebt in der Zelle acht des Hafthauses B." als irgendwie unpassend empfinden – dies nicht nur deshalb, weil die sogenannte herrschende Meinung Hafträume explizit nicht als Wohnraum im Sinne des Art. 13 GG konzipiert, sondern weil sie faktisch nicht wohnlich eingerichtet sind. Die Worte „Sozialarbeiter" und „Händegebunden" sind jedoch problemlos austauschbar.

Ein für den Strafvollzug betrübliches Kapitel der linguistischen Metapherntheorie ist die Tatsache, dass Menschen ihr Handeln in der Welt anhand metaphorischer Wortwahlen verfestigen. Wer von liegenden Gefangenen spricht, wird die entsprechenden Menschen auch wie liegende, sprich: wie ohnmächtige betrachten. Spräche ein reflektierter Strafvollzugsmitarbeiter von „wohnenden" Gefangenen, würde er sich jedoch dem Vorwurf der Euphemisierung, d.h. der sprachlichen Verschleierung von Tatsachen aussetzen. Es ist darum wichtig zu erkennen, dass jeder, der über Strafvollzug spricht und in ihm handelt, in den Bildern verfangen ist, welche ihm seine metaphorischen Sprachwahlen vorgeben.

Der einzige Ausweg aus diesem Dilemma wäre es, den Freiheitsentzug an Menschen so auszugestalten, dass sie dabei nicht faktisch liegen, sondern es wohnlich haben. In solchen Kontexten wäre der Satz: „Der Gefangene lebt in einer Wohngruppe." nicht deplaziert.

Solange unsere Gesellschaft Hafträume so einrichtet, wie sie es gegenwärtig tut, sind wir in gewisser Weise Mitgefangene – und sei es nur auf sprachlicher Ebene.

„Affenhäuser"

Das im vorangegangenen Kapitel erwähnte Gefangensein in metaphorischen Zusammenhängen resultiert aus dem Bestreben, vorgegebene Lebensumstände oder Realitäten anschaulich zu benennen. Der Mensch kann sich der Notwendigkeit sprachlicher Benennung nicht entziehen. Während er dabei wie im oben geschilderten Fall der Wörter „liegen" / „sitzen" keine politisch angemessene Wahl treffen kann, gibt es andererseits auch Fälle, in denen bestimmte Wortwahlen optional und damit verzichtbar sind, weil sie nur passagere und individuelle Einstellungen oder Stimmungen widerspiegeln: Als ich in einem Gefängnis die ersten Tage der teilnehmenden Beobachtung verbrachte, wurde ich von der Anstalt zum Kennenlernen freundlicherweise durch jeden Bereich geführt. Als wir das Anstaltsgelände im Freien überquerten, hörte man aus einem der Hafthäuser laute Rufe, die teilweise uns, teilweise offenbar anderen Gefangenen dieses Hafthauses galten. Mich wundert bis heute der Gleichmut des mich begleitenden Beamten. Er erklärte mir, ich stehe nun vor dem „Affenhaus", das Mitarbeiter deshalb so bezeichneten, weil dort die unruhigen und darum lauten Untersuchungshaftgefangenen untergebracht seien. In der offiziellen Anstaltssprache wird dieses Hafthaus neutral mit einer Nummer versehen. In ähnlicher Weise erschreckte mich das Wort „eindosen", welches manche Beamte für den Vorgang des Einschlusses von Inhaftierten verwenden. Freilich spricht das Wort auf denotativer Ebene Bände der Wahrheit, wenn man die Tatsache berücksichtigt, dass Haft räume sehr eng sind und den Insassen, ähnlich dem Inhalt von Konservendosen, ein Verlassen des Raumes nicht möglich ist. Dennoch sollte aus nahe liegenden Gründen an der Verwendung des neutralen Wortes „einschließen" festgehalten werden.

Diese beiden und eine Vielzahl weiterer hier ungenannt bleibender Beispiele zeigen, dass Strafvollzugsmitarbeiter immer wieder und ohne Notwendigkeit Wortwahlen treffen, welche von einer sehr problematischen Einstellung gegenüber Gefangenen zeugen. Nicht besonders hilfreich sind darum popularisierte Sammlungen strafvollzugstypischer Wortschatzele-mente, die keine Problematisierungen der jeweiligen Wortbedeutungen und schon gar nicht Hinweise auf eventuelle Stigmatisierungseffekte entsprechender Wortwahlen enthalten.[17]

---

[17] Laubenthal 2001.

4. Fazit

Das Phänomen Sprache begleitet uns in sämtlichen Bereichen des Lebens. Selbst in Situationen des Schweigens ist Sprache im Sinne des Nicht-Sprechens präsent. Aus der Allgegenwart der eigenen Sprache resultiert jedoch, dass sie von uns als selbstverständlich und trivial angesehen und folglich nicht problematisiert wird. Dies widerspricht jedoch sowohl der Erkenntnis, dass es sprachliche Benachteiligungslagen gibt, als auch der Tatsache, dass diesen Benachteiligungslagen mit Hilfe von Gesetzen oder Empfehlungen vorgebeugt werden soll.[18] Insbesondere in potentiell entwürdigenden Unterbringungssituationen bedürfen die sprachlichen Möglichkeiten des Menschen sowie dessen Sprachpraxen einer besonders kritischen Einschätzung und einer dauerhaften Pflege.

Literatur:

Klocke, Gabriele (2004). Über die Gleichheit vor dem Wort. Sprachkultur im geschlossenen Strafvollzug, Bielefeld.

Klocke, Gabriele (2006). Zugewanderte Inhaftierte und ihre Sprachenrechte, in: Kriminologisches Journal, 38, S. 180-187.

Klocke, Gabriele (2007). Fremdsprachigkeit und Analphabetismus als strukturelle Gefährdungsmerkmale in Gewahrsamssituationen, in: Deutsches Institut für Menschenrechte (Hg.), Prävention von Folter und Misshandlung in Deutschland, S. 71-93, Baden-Baden.

Klocke, Gabriele (2008). Sprachliche Integration von inhaftierten russlanddeutschen Aussiedlern, in: Muttersprache, 118, S. 259-269.

Lakoff, George & Johnson, Mark (2004). Leben in Metaphern. Konstruktion und Gebrauch von Sprachbildern, 4. Aufl., Heidelberg.

---

[18] Vgl. zusammenfassend zu den linguistic human rights Schneider 2005; Klocke 2006.

Laubenthal (2001). Lexikon der Knastsprache. Von Affenkotelett bis Zweidrittelgeier, Berlin.

Schneider, Britta (2005). Linguistic Human Rights and migrant languages: a comparative analysis of migrant language education in Great Britain and Germany, Frankfurt.

Der Gegensatz: Menschenrechte und Haft
Gründe einer Gefängnisbefreiung von Staat und Gesellschaft

Wolf-Dieter Narr

I. Das Herz der Menschenrechte: FREIHEIT

Freiheit ist das konstitutive Prinzip der Menschenrechte. Nur in ihr und durch sie können sich Menschen entwickeln. Vermögen sie zu lernen. Sind sie in der Lage, Andere hilfreich, als Erweiterung des Eigenen und als Chance wahr- und anzunehmen. Können sie Glück fassen. Die Ekstase des aufrechten Gangs.

Freiheit ist nur, wenn sie sich mit dem regulativen Prinzip der Gleichheit verschwistert. Wenn die sozialen Bedingungen gegeben sind und geschaffen werden, erlaubt erst Gleichheit, dass Freiheit nicht zum Privileg verkümmere. Dass keine Herr-Knecht-Magd-Verhältnisse verkrusten. In der Fülle gegenseitiger Hilfe werden Menschen frei in ihrer geschwisterlichen Rolle als Mitmenschen.

Menschen, die sich in Gruppen zusammentun, werden politisch. Sie sind für sich und die Gruppe, für sich in der Gruppe, für die Gruppe in ihnen zuständig. Selbstbestimmung wird Mitbestimmung und umgekehrt. Wie sie in der und durch die Gruppe agieren, schaffen sie durch ihre verschiedenen Äußerungen die Bedingungen dafür, dass die Gruppe und ihre einzelnen Mitglieder frei und gleich groß werden, leben, alt werden und sterben können.

Durch die Art, wie sich Menschen in Gruppen organisieren und Politik treiben, wird das an Sicherheit gewährleistet, was von Menschen selbst durch die Art ihrer Umgangs- und (Re-)Produktionsformen hergestellt werden kann. In diesem Sinne hängt es primär von der Art und Ausstattung gesellschaftlicher Organisierung ab, wieweit Andere schädigendes, Anderen Gewalt antuendes Verhalten von Mitgliedern einer Gesellschaft vermieden werden kann. Das, was heute Primärprävention genannt wird, nämlich gewaltträchtige soziale Konflikte zu vermeiden, hängt primär daran, ob und inwieweit die sozialen Bedingungen gleicher Freiheit angemessen verteilt sind.

Wird in Gesellschaften strukturelle Gewalt vermieden, wird nicht alles Verhalten weichen, das hin und wieder gewalttätig Mitglieder der Gesellschaft gefährdet. Menschen sind aus krummem Holz geschnitzt – aufrecht zu werden. Sie werden individuell und in Gruppen hin und wieder aggressivgewalttätig agieren. Dann gibt es den Ausschlag, ob und wie Gesellschaften darauf eingerichtet sind, mit Konflikten friedlich zu verfahren. Aus geschichtlicher Kenntnis menschlicher Gesellungen kann gewusst werden, dass sich Fälle gewaltsamen Verhaltens ereignen, die nicht ohne weiteres friedlich beigelegt werden können (durch Streitschlichtung; durch Ausgleichs-/Wiedergutmachungsvereinbarungen oder besondere Leistungen; durch Formen der Entschuldung; durch Weisen der Enthaltsamkeit und des Entzugs). Dann sind Formen zeitweiser sozialer Distanzierung und sozialer Exklusion zu bedenken. Sie sind historisch vielfältig geübt worden. Was moderne Staaten mit ihren modernen Haftanstalten jedoch anstellen, ist human nicht zulässig, nimmt man Menschenrechte ernst. Außerdem wird die Sicherheit der Bürgerinnen und Bürger vor Gewalt und gewalttätigem Raub dadurch nicht gesteigert.

II. Haftstrafe als Reduktion von Menschen – konträr den Menschenrechten

1. Wie selbstverständlich nehmen wir hin. Fehlsamen Menschen wird ihre Freiheit entzogen, das Rückgrat ihrer Menschlichkeit entbeint. Sie werden offiziell in „Justizvollzugsanstalten" inhaftiert. Zuchthäuser und ihre Bilder erkalteter Grausamkeit schrecken nicht mehr momentan. Wiedereingliederung in die „normale" Gesellschaft, „Resozialisierung" lautet das Ziel des „Strafvollzugs". So wird es „uns Normalen" möglich, die institutionalisierte Gewalt an den Rand unseres Horizonts und Empfindens zu schieben. Inhaftierung als so etwas wie konzentrierte Sozialarbeit. Das schafft ein gutes Gewissen als wohliges Ruhekissen. In ihm werden auch die widerborstigen Federn unserer eigenen Ängste verpackt. Wissen wir doch alle insgeheim, dass es „die Normalität" nicht gibt. Dass anormales Verhalten in der Regel aus normalen gesellschaftlichen Umgangsformen erwächst. Dass wir uns alle im Licht-Dunkel von Übergängen befinden. Umso besser, wenn staatlicher Gewalt applaudiert werden kann. Sie schützt uns immer auch vor uns selber. Und sei nur ein Hauch des Bösen in uns. Indem sie „Straftäter" dingfest macht, auch wenn und gerade weil es sich um Personen handelt.

2. Darum ist Ausgrenzen so wichtig. Wir grenzen in uns und von uns selbst aus. Dem Urvorgang aller Vorurteile. Sonst müssten wir uns und/oder die Verhältnisse verändern, die wir immer mit sind. Sonst müssten wir einsehen, welches Glück der Umstände uns hold war, auf der schiefen Ebene, auf der wir uns immer ein Stückweit befinden, aufhaltsam nicht abgerutscht zu sein. Dem Staat gleich, „unserem" Staat als einem von uns mit groß und größer geschaffenen Menschen, bewältigen wir unsere Nöte letztlich durch ausgrenzende Gewalt. Sie erscheint uns notwendig. Und schon deshalb legitim. Darum schlucken wir das Gewaltelement, das in dieser Art Bewältigung steckt. Auch unsere Angst bleibt, weil Gewalt bleibt – für uns, gegen uns, in uns. Erst wenn wir wirklich begriffen, dass Gewalttäter gesellschaftlich geworden sind (und oft selbst die Opferrolle erfahren haben), würden wir frei. Um Untäter nicht durch entmenschlichende Strafen wegzusperren. Um Täter und Opfer gesellschaftlich so miteinander zu „verbandeln", dass über die personalen Nöte hinaus an gesellschaftliche Zustände herangetastet würde. Sie machten die Täter wie Opfer seltener.

3. Resozialisierung als Entrechtung. Die Würde des Menschen – ein wundenübersäter Körper

Die Unterschiede zwischen Kurz-, Lang- und Lebenslangstrafern, so der personalisierte Ausdruck, sind nicht zu verkennen. Die zeitlich kürzeren Haftstrafen werden indes von den langen her legitimiert oder ihrem Sinnmangel kritisiert. Selbst in der besten allergefangen resozialisierenden Welten könnten Kurzstrafen nicht funktionieren. In der Gefängniswelt, wie sie ist, wirken sie allenfalls als Spritze negativer Sozialisation in der schikanösen, drogenbespickten Welt bürokratischer Haftwillkür. Es sei denn, man schmause das Brot offiziöser, auch „wissenschaftlich" ausgewiesener Kriminologie und Strafjustiz. Das wird immer erneut mit der ranzigen Butter „Marke Spezial- und Generalprävention" bestrichen. Strafjustiz und Strafvollzug als kräftige Überbleibsel schwarzer Pädagogik. Der Mensch, der nicht geschunden wird, wird nicht erzogen.

a) „Die Würde des Menschen ist unantastbar." Einem Palladium gleich wird dieser Indikativ vom Grundgesetz und seinen die BRD bevölkernden Liebhabern vorweggetragen. Ein Fetisch freilich. Bestenfalls handelt es sich um ein kerniges Postulat. Niemandes Würde soll in den Grenzen der Bundesrepublik und von irgendeiner ihrer Institutionen samt deren Repräsentanten auch nur angetastet werden. Nicht zu reden von verletzt, nicht beachtet, nicht einmal wahrgenommen.

Zum einen: „Würde" wird wie ein schon allen gegebenes Faktum vorausgesetzt. Die Faktizität dieses Faktums kann, was in der BRD vorausgesetzter Weise prinzipiell nicht der Fall ist, allenfalls an Individuen „angetastet" werden. Kurzum: Verfassungsrecht und Verfassungswirklichkeit öffentlich und privat siedeln immer schon im würdigen Geltungshof. Zum anderen: Worin aber bestünde ein Antasten der Würde? Ist „Würde" eher eine Haltung von Menschen? Gibt es genaue Kriterien oder Indizien, die Würde anzeigten oder Tastverletzungen signalisierten? Mehr als andere normative Zentralbegriffe lebt der Würdeausdruck, so hat es den Anschein, von seiner auslegungsreichen Aura. Auch „Freiheit" und „Gleichheit" – oder „Demokratie" – sind alles andere als eindeutige, raum- und zeitenthobene Begriffe. Glücklicherweise. Sonst passten sie nicht zu Menschen. Was nicht verfehlt werden kann, kann auch nicht errungen werden. Begriffe, die praktische Gestalt annehmen sollen, verlangen tägliche Anstrengungen auf abschüssigen Wegstrecken. Gewiss. Warum steht indes der Ausdruck mit einer Überfülle von Unschärferelationen im Zentrum? „Würde!" Und wird immateriell gefasst? Seine hauptsächlichen Interpreten, witzigerweise vor allem Juristen, scheinen mit ihrem abgehobenen, fast leeren, aber überaus emphatischen Normcharakter jedenfalls nach herrschender Meinung sehr zufrieden. Interpretationen kennen schier keine Grenze. Die Würdelosigkeit der Würdekritiker versteht sich geradezu logisch von selbst. Wie wär's jedoch, versuchte man Grund-

und Menschenrechte menschenpraktisch ernst zu nehmen, und nähme Freiheit, Gleichheit und demokratische Mitbestimmung als schaffenden Würde-Boden? Dann würde klar: Würde kann nicht bewahrt werden, wenn man einer Person ihre Freiheit raubt. Würde kann nicht aufrecht erhalten werden, wenn existentielle Bedürfnisse von Menschen nicht gewahrt werden. Indem sie hungern, keine Wohnung finden und ohne Sinn in sozialer Leere vegetieren. Würde kann schließlich nicht gelebt werden, wenn über Menschen hinweg bestimmt wird; wenn sie ohne Chance von anderen, Ämtern und ihren Funktionären beispielsweise abhängig sind. Sähe man Würde so, dreimastig in Freiheit, Gleichheit, Mitbestimmung ausgeflaggt, ließe sich dann – von Hartz IV und vielen anderen „Maßnahmen" hier zu schweigen – die Entscheidung des Bundesverfassungsgerichts aufrechterhalten, Lebenslange Freiheitsstrafe, hinzugenommen Langstrafen, seien mit dem Grundgesetz zu vereinbaren? Sogar die neuerlich expandierende „Sicherungsverwahrung", die eine neue Form gesetzlich geschaffener übergesetzlicher Strafe praktiziert, erhielt bundesverfassungsgerichtlichen Segen. Und dieses Gericht stellt ansonsten wohlbegründet den Schutz der Persönlichkeit in sein Zentrum. Wenn all das, was in bundesdeutschen Haftanstalten regelmäßig der Fall ist, angefangen vom umbauten Raum als Kontroll-, nicht Lebensraum – und nicht nur in korrupten Fällen, unvermeidlich, wie sie in dieser Haftnormalität sind –, die Würde der inhaftierten Menschen nicht antastete, dann klänge „Würde" dumpfer als tönernes Erz.

b) Das, was bundesdeutsch Rechtsstaat genannt wird, wirkt im Rahmen der Haft als Prozess der verrechtlichten Entrechtlichung auf dem Sumpfboden besonderer Gewaltverhältnisse. Drei Hinweise mögen genügen. Eine Fülle anderer befindet sich in den Beiträgen dieses Bandes, zusammengetragen von erfahrenen Haftkennerinnen und -kennern.

b 1) Die Haftanstalt als totale Institution ist dadurch gekennzeichnet, dass nahezu all das, was an „Welt", an human zugänglicher Wirklichkeit für die Inhaftierten der Fall ist, in ihrem geschlossenen Raum stattfindet. Alles ist geregelt. Auch die Gedankenfreiheit wird über schiere Innerlichkeit hinaus erheblich eingeengt. Der Häftling hat sich überordentlich zu benehmen. Männer machen im überwiegenden Maße die ihnen verordnete Straf- und Haftgeschichte. Der Strafvollzogene soll durch Worte und sein Verhalten gegenüber den Wärterinnen und -wärtern – einer Verhalten regulierenden Hierarchie von verschieden geschultem Personal – bezeugen, dass er sich mit seiner Tat auseinandersetzt, kurz: per Strafhaft verlangt Trauerarbeit leistet (dass die Strafurteile zutreffen, meist solche aufgrund von Indizien und einem abstrakten personalen Freiheitsbegriff, wird selbstredend vorausgesetzt). „Resozialisierung" lastet als jahre- oder jahrzehntelange Vorleistung nahezu exklusiv auf den Schultern dessen, der bestraft worden ist, weil er der trefflichen „Gemeinschaft" nicht entsprochen hat. All die voraussetzungsreich und in teilweise langen Etappen versprochenen Hafterleichterungen, Freigänge u.a.m., mit denen das Strafvollzugsgesetz in Richtung einer allmählichen („Wieder"-)Annäherung an die („Normal"-)Gesellschaft winkte, sind einerseits viel zu selten erfolgt. Dort aber, wo sie erfolgten, sind sie spätestens seit den ersten haushaltspolitischen Schwierigkeiten und vollends seit der antidemokratischen Föderalismusreform nahezu abgeschafft worden. Jetzt erweitert der knappe Stab an Mitarbeitenden in den Haftanstalten Willkür und Schikanen. Nahezu alle Verweigerungen von Selbstverständlichkeiten werden mit dem Mangel an Personal begründet. In dieser Haftsituation, in der die Anstalten als Vorhut und Exerzierschule der Gesellschaft ihre Bringschuld in Sachen Resozialisierung massiv versäumen, wird der Inhaftierte nahezu vollkommen von der „Gnade" der ihm zugewiesenen Bezugsperson abhängig. Meist in Gestalt einer/s Sozialarbeiters/in. Sie entscheidet mit ihrem Urteil über den Inhaftierten, spätestens rund um die sogenannten Strafvollzugskonferenzen, ob ein Weg ins Freie anheben und weitere Stadien nehmen kann oder der Daumen zum Gefängnisboden weist. Das ist der Ort, wo ein besonderes Gewaltverhältnis auf einer tiefen Stufe bürokratischer Hierarchie greift, in der Regel ohne Gegengewichte und sonst beliebte bürokratische Kontrollen. Unmittelbar ist der Inhaftierte seiner Kontrollperson ausgeliefert. Bar aller Rechte.

b 2) Haftanstalten sind längst „verwissenschaftlicht" worden. Diese Beobachtung trifft für den „höheren" Teil desakademisch gebildeten Personals zu. Dadurch wuchert der Rationalisierungsjargon. Die Stellvertretersprache professioneller Helfer. Die Verwissenschaftlichung imprägniert jedoch vor allem das Gutachterwesen. Ohne professionelle Gutachten aus dem Umkreis von Berufen, die sich um „die Psyche" und primär psychogen erklärtes Verhalten kümmern, à la Psychologen, Psychotherapeuten, (Gerichts-)Psychiater geschieht nahezu kein wichtiger Schritt: weder hin zur Haftlockerung auf dem aufhaltereichen Weg nach draußen – so es überhaupt soweit kommt, noch wird über die Entlassung entschieden, ohne eine Prognose zum erwarteten Verhalten außerhalb der Haft. Es gibt zwar eine Reihe redlicher und seriöser Gutachterinnen und Gutachter. Die Funktion psychogener Gutachten steigert dennoch die Willkür der Instanzen, die über die Erfolge bzw. Misserfolge Strafvollzogener befinden. Den Gutachten gebricht es außerdem meist an den nötigen Minima human allemal riskanter und prognostisch vollends risikovoller Wahrheitssuche. Zum einen: die Gutachter treffen ihre „Klienten" in der Regel in Räumen der Haftanstalt hinter vergitterten Fenstern (jeder Gutachter, der seinen Beruf ernst nähme, müsste darauf bestehen, den Inhaftierten zeitüppig in seiner Praxis zu begegnen). Zum zweiten: die Anforderungen an die Gutachten bleiben in Richtung ihres Zeitaufwands und ihrer Methode unterdeterminiert – Kenntnis des Strafvollzogenen und seines Kontextes in der JVA vor allem; Grad der verlässlichen Informationen, die das Gutachten auswertet; Basis der Interpretation (Validität); Erfordernisse für das Leben außerhalb der Gitter u.ä.m. Zum dritten: die Gutachter stellen sich Anforderungen, die sie verweigern müssten, verhielten sie sich wissenschaftlich angemessen. Die von ihnen verlangten Prognosen sind nicht zu leisten oder allenfalls, wenn die erheblichen Grade der Unsicherheit „positiv" wie „negativ" am Beginn und am Ende des Gutachtens erhaben deutlich gemacht werden. Zum vierten: der Stellenwert der Gutachten ist einerseits hoch. Kein Schritt auf dem Weg irgendeiner Hafterleichterung ohne neues Gutachten. In diesem Sinne stellt die Gutachterei eine üppig fließende Verdienstquelle dar. Andererseits ist keine sonst mit dem Strafvollzogenen befasste Instanz verbindlich daran gehalten, sich ans Gutachten zu halten oder sich wenigstens extensiv mit beipflichtenden oder entgegengerichteten Argumenten auseinanderzusetzen. Darum weiten die Gutachten den Raum der szientifisch vertuschten Willkür. Hinzu kommt, dass der Strafvollzogene, also eine Person, an der fast wie an einem Ding Strafe vollzogen wird, keine Chance hat, sich gegen ein erfolgtes Gutachten zu wehren. Zum fünften: Die Gutachten verleihen dem Strafvollzug eine wissenschaftliche Aura, wie sie anders in Sachen Menschenrechte oben für die Würdeformel dargelegt worden ist. In ihrer psychogenen Ausrichtung verstärken sie die allgemeine Richtung, straffälliges Verhalten als individuelles Versagen zu qualifizieren, von der Etikettenqualität der Strafen einmal zu schweigen. Eine straffällig gewordene Person hat jenseits aller gesellschaftlichen Umstände und sozialen Mitspieler, im gerichtsgeliebten alliterierenden Jargon gesprochen, „bewusst und gewollt", „wissentlich und willentlich" „Böses" getan.

b 3) Der Ausdruck über eine Haftanstalt als „totale Institution" trifft zu. Und doch gilt die Totalität nur für den Inhaftierten. Nicht nur schreitet das Personal der Haftanstalt unvermeidlich im Spagat einher, von der geschlossenen Anstalt selbst – einschließlich möglicher Karrierewege seinerseits – eingeschlossen. Vielmehr sind jenseits der einflussreichen medialen Öffentlichkeit und des Gesetzgebers wenigstens drei Instanzen mit den Strafvollzogenen befasst. Diese innere Arbeits- und auch Gewaltenteilung ist wichtig. Sie bleibt jedoch zum Nachteil des Haftvollzogenen überwiegend einseitig. In der Art, wie sie praktiziert wird, trägt die Dreiinstanzlichkeit vielmehr dazu bei, die ansonsten meist vermisste Kunst der Langsamkeit negativ vor allem bei Langstrafern zu üben. Zuständig sind: Die Strafanstalt und ihr Instanzenzug; die Strafvollstreckungskammer; das Justizministerium eines Landes und seine zuständige Abteilung. Aus bürokratiesoziologisch und zeitökonomisch leicht einsichtigen Gründen dominiert die zuständige Justizvollzugsanstalt. Seine politisch-inneradministrativen Kontrolleure und Mitentscheider sind in ihrer Zeit und mit ihren Kompetenzen unzureichend ausgestattet, um Willkürakte der JVA's wenigstens ausgleichen zu können. Nicht selten sind die Fälle, da strafgerichtlich-vollstreckungskammerliche Entscheidungen zugunsten der Strafvollzogenen von den Vollzugsanstalten schlicht nicht umgesetzt werden. Die mehrfach zuständigen Behörden sorgen gewollt nicht gewollt mit dafür, dass Haft nicht selten wie eine unendliche Geschichte erst mit dem Tod ausgeht oder einem formell freien Inhaftierten als gebrochenen, enteigneten Mann. Für alle rechtsstaatlich dicht frisierten Bereiche gilt: das, was mit faltenreichem Legitimationsmantel „rechtsstaatlich" heißt, ist immer nur so gut oder ist immer so schlecht, wie das bürokratische Verfahren, das die allemal losen Gesetze wirksam umsetzt: als eigentliche Gesetzgebung (schon der parlamentarische Gesetzgebungsaktist in der Regel bürokratisch bis ins

Detail vorgeformt). In Sachen totale Institutionen, hier den Justizvollzugsanstalten, trifft diese Beobachtung die Strafvollzogenen in haushalts- und reformarmen Zeiten besonders hart.

Ingesamt gilt: man kann geruhsam außer acht lassen, dass dem Konzept der „Resozialisierung" eine solide Grundlage wie ein akzeptabler Bezug fehlen. Unzulässig naiv wirdunterstellt, die gegebene Gesellschaft dürfe als menschen- und grundrechtlich integer angesehen werden. Freiheitsstrafe in der Form eines Entzugs wesentlicher menschlicher Bedingungen könne als pädagogische Übung angesehen werden, die vom Straffälligen verletzte gesellschaftliche Integrität wieder zu runden. Harte und rohe Tatsache ist jedoch (factum brutum), dass der gegenwärtige Strafvollzug alle nötigen Elemente vermissen lässt, die paradoxe Einrichtung des Strafvollzugs wenigstens minimal zu rechtfertigen. Während der Haft und nach der meist viel zu späten, nicht selten zu späten Haftentlassung hapert es durchgehend an den institutionellen und umgangsförmigen Voraussetzungen von Seiten des Strafvollzugs selber. Gliedern sich ehemals Strafvollzogene hinterher unauffällig, das heißt ohne sogenannten Rückfall in die zerklüftete Gesellschaft ein, dann ist das allein ihnen und ihnen ungeplan t entgegenkommenden Zufällen zu verdanken. Wie in der Haft sorgen der geradeim Strafrecht und Strafvollzug besonders nachdrücklich gewalttretende Staat auch im Zuge der Haftentlassung und des Neu- bzw. Wiederanfangs gerade noch total geschuhriegelter Menschen mitnichten für den durchdie Haft zusätzlich beleidigten Bürger. In Sachen Rechte der Opfer und Opferangehörigen von – privaten – Gewaltübergriffen hat sich im Zuge der Frauenbewegung manches getan und tut sich noch. Vor allem jedoch nur im Sinne nebenklägerischer und zusätzlich individualisierter Strafverschärfung. Gegenüber dem als Täter erkannten Menschen zeigt sich indes mehr denn je die Fratze des unversöhnlichen Herrschaftsstaats, als Strafstaat. Dieser erfährt im Strafurteil und seinem Vollzug eine menschenrechtlich perverse Ekstase seiner überlegenen Macht.

Dass die Freiheitsstrafe und die Art, sie inder Bundesrepublik – und oft schlimmer noch anderwärts – auszuüben, nur zwangsdunkel uneinsichtiger Herrschaft nützt, mitten in auch darum nicht einmal repräsentativ demokratischen wegsamen gräben- und klüftereichen Verkehrsverhältnissen, hat viele, teilweise noch tiefer sitzende Gründe und gründet in kollektiven Selbsttäuschungen. Sie könnten nur buchlang wenigstens intelligibel abgehandelt werden. Schlagwortartig seien einige wie Felsbrocken hingeworfen: Die Annahme individueller Autonomie zuerst und entsprechend souveränen Bewusstseins, ähnlich abstrakt wie die individualistische Fiktion selbst, auf der die Moderne weithin gründet. Dagegen ist selbstredend nicht die ins Gegenteil fliehende Annahme angezeigt. Als sei es durchgehend albern, humane Spiel- und Entscheidungsräume anzunehmen. Fast apodiktisch ist festzustellen: Alles dichotomische Denken, Wirklichkeit-Begreifen und darauf basiertes Handeln ist abgrundtief falsch. Die Annahme durchgehend schwarzer Pädagogik an zweiter Stelle. Als lernten Menschen aus und durch persönlicher oder kollektiver Verelendung. Man nimmt ihnen ihr Wichtigstes, das meist Wenige an Freiheit, zu dem sie in der Lage sein könnten, und man macht sie dadurch freiheitshungrig und freiheitsfähig. Welch ein Aberwitz. Ausnahmen bestätigen keine radikal falsche Regel. Die darin gründende Annahme, zum dritten, spezielle und generelle Prävention im Sinne einer fadenscheinigen Abschreckungs-„Theorie" seien wirksam. Sie ist nicht nur jeder Erfolgskontrolle gegenüber immun. Sie gründet nicht in humanen Re-Aktionsformen und Verhaltensmustern, sondern sumpft allein im gurgelnden Herrschaftsschlick, selbst Ausdruck einer Gefängniswelt. Die lügendichteste Annahme, zum vierten, es gelte künftige Opfer zu vermeiden und dumpfe Ängste zu erhellen. Die Dunkelstelle angemessenen Umgangs mit Opfern aller Art gehört von allem Anfang an zum System hoheitlichen Strafens. Eben die Hoheitlichkeit der Herrschaft sollte durch den Strafkanon profiliert werden. Die Reste der symbolischen Fratzen künden heute noch davon. „Im Namen des Volkes", das nirgends sichtbar ist. Die Art des Strafens und Strafvollziehers kann vielmehr als ausgefeiltes, um nicht zu sagen, abgefeimtes Angstmanagement bezeichnet werden.

4. Zwangskameraden: Täter, Opfer, „Normale" – Expansives Ausschließen

(a) Hier ist nicht der Ort, in der nötigen historischen Tiefe, Breite und Differenzierung über das staatliche Gewaltmonopol im Sinne einer menschenrechtlich-demokratischer Gewinn- und Verlustrechnung zu handeln.

Zu stellen aber ist diese Aufgabe der Güterabwägung. Zu stellen ist sie, gerade weil sie als Frage in der Regel nicht einmal mehr angedacht, geschweige denn gehaltvoll zu beantworten gesucht wird. Zu stellen ist sie in diesen Jahren besonders, weil die weltweiten Veränderungen auch binnenländisch nicht mehr zulassen, das verfassungsrechtlich verfassungswirkliche meist opportunistisch zusammengezogene Lob nationalstaatlicher Routine zu intonieren. Auch wenn aktuell keine zureichende Antwort auf die Frage zu geben ist, keine, die in Sachen Strafrecht, Strafprozessrecht, Strafvollzugsrecht und Haftbedingungen unmittelbar weiterhülfe, heißt sie zu stellen, sich in Richtung neuer Lösungen zu orientieren und experimentell erste Schritte zu wagen. Um der Menschenrechte und demokratischer Formen willen. An dieser Stelle zuerst: der Täter und der Opfer halber. Damit beide, zusammen gesehen, mehr Chancen erhalten. Gerade an Zwangsanstalten wie den Gefängnissen und durch Zwang misshandelten Menschen wie den Inhaftierten kann demonstriert werden, um welche prekäre Einrichtung es sich beim modernen staatlichen Gewaltmonopol handelt. Das wird wenigstens in europäisch-angelsächsischen Umkreisen wie eine naturgute Selbstverständlichkeit angesehen. „Der Prozess der Zivilisation" als staatsmonopolerhabener und disziplinverinnerlichter. Das staatliche Gewaltmonopol entzieht sich nicht nur bürgerlicher (repräsentativer) Mitbestimmung und Kontrolle. Das staatliche Gewaltmonopol erlaubt vielmehr staatsinnen und staatsaußen gewaltsam einseitige Unterdrückung von Konflikten durch – angeblich – legitime Gewalt. Es erlaubt, an die Stelle politischer Problemlösungen solche der Gewalt zu setzen. Statt soziale Ursachen in den herrschenden ökonomischen und politischen Verhältnissen ausfindig zu machen und zu versuchen, sie politisch, das heißt mit nicht gewaltförmigen Mitteln zusammen mit den Menschen zu beheben, ermöglicht das staatliche Gewaltmonopol fortgesetzten Politikersatz. Darum bleiben die sozialen Bedingungen von Gewalt und Angst vor Gewalt erhalten. Sie wuchern neu und neu. Gerade aus den gewaltförmigen Unterdrückungen von Gewalt und der Erhaltung ihrer Ursachen. Das staatliche Gewaltmonopol entsteigt dem von ihm betriebenen Gewaltzirkel nicht nur neu und neu wie einem Jungbrunnen. Belegt und mehrt nicht die tägliche, die sich international häufende Gewalt seine Not-Wendigkeit?! Dem staatlichen Gewaltmonopol und den öffentlichen wie privaten

Interessenten, die funktional über es verfügen, ist vielmehr eine eigene antipolitische Arroganz der Gewaltverfügung eigen. Notfalls, in Zwangseinrichtungen erstfalls, kann man jedes formal legalisierte Interesse, nötigenfalls in Form einer Regel-Ausnahme, mit Gewalt durchsetzen, wenn „der Staat" oder auch nur irgendeine (Vor-)Haftordnung „in Gefahr" sind. Wurde der legal weitmaschig geknüpfte Teppich der Legitimation auf dem Boden bürgerlicher Angst nicht vorweg (präventiv) geknüpft, dann kann er durch die Gewaltaktionen rasch nachgeliefert werden. Wäre das Reden von Primärprävention mehr als ein Gerede, um tatsächlich die sekundäre und tertiäre zu praktizieren, die an (potentiell) kranken, an (potentiell) straffälligen Personen individuellsozial abstrakt ansetzt, dann wäre in Sachen Strafe und Strafvollzug, vorgängig vielmehr in Sachen straffälliges Verhalten und seiner strukturellen wie aktuellen Bedingungen, hier der erste große anamnetische Spatenstich zu tun. Dazu ist es nicht erforderlich, pseudorevolutionär zu verlangen, all das abzuschaffen, was mit dem staatlichen Gewaltmonopol verbunden ist. Eine nicht nur törichte, eine eitle Forderung. Wohl aber ist es geboten, der Diagnose von Gewaltereignissen in der Zusammensicht aller Ursachen, der öffentlichen an erster Stelle, eine Gasse zu öffnen. Dazuhin müssten sekundär die Formen des Umgangs mit Gewalt und Kriminalität – im hier verhandelten thematischen Zusammenhang – gründlich „entgewaltigt" werden. Damit mit fehlsamen Menschen – in einer Demokratie – als unseren Mitmenschen verfahren werde.

b) Vom Gefängnis als „absurdem System", als einer in jeder Hinsicht kontraproduktiven Einrichtung darf nicht gesprochen werden, ohne wenigstens auf einige andere Zwangseinrichtungen hinzuweisen – es sei denn, man brauche die dort Beton und Überwachungstechnik gewordene öffentliche Gewalt, um Gewalt und ihren legitimatorischen „Stoff", Straftaten präsent zu halten. Die anderen Zwangsanstalten wären gleicher Weise menschenrechtlich demokratisch nicht haltbar, hielte man sich an Menschenrechte und Demokratie. Die zwangspsychiatrischen Einrichtungen, gefängnisalt, sind zuerst hervorzuheben. Danach die bundesdeutschen und anderwärts beliebten Binnen-Lager, um flüchtige Menschen in jeder Hinsicht würdewund zu inkarzerieren, wenn man sie nicht sofort in die nächste Fluchtetappe abschieben kann. Art. 1 Satz 1 GG: Die Würde nicht arbeitsam erwünschter

Ausländer wird existentiell und rechtsfrei verletzt. Das Bild der Würde der Bundesdeutschen, das aus diesem Spiegel staatsbürgerfeist entgegengrinst, wird, um der Würde willen, geheim gehalten. Vermehrt kommen in diesem wunderbar eröffneten 3. Jahrtausend hinzu Lager über Lager, die vor den Toren der EU in Afrika und Osteuropa blühen, bundesdeutsch- EU-europäisch finanziert und vertragsvereinbart. Vollkommen außerrassistisch gilt es, vor allem Schwarze, Frauen und Kinder in deren bestem Interesse davon abzuhalten, von radikalbösen Banden ins Mittelmeer verschleppt zu werden. Europa stellt bekanntlich einen küstenlosen Kontinent dar. Eigens hat man dafür eine Organisation mit glänzendem Worthelm, Frontex, geschaffen. Die europäischen Gutmenschen liefern Hubschrauber, Schnellboote und dergleichen, auf dass europagesorgt niemand ersaufe. Genau dies geschieht hunderte-, ja tausendfach. Stünden nicht sparsam sarkastische Formulierungen zu Gebote, man müsste schreien. Nur, was hilft's?! Nur die eigene Stimme wird heiser.

III. Nachbemerkung: Zur Not der Menschenrechte

Nimmt man Menschenrechte ernst, pervertiert man sie nicht west-mächtig, indem man sie in ihrem Namen abschafft, dann gibt es als Handlungsdevise in Sachen Haftanstalten nur den Abolitionismus, zu deutsch deren Abschaffung. Hat man sich für diese(n) überdeterminiert entschieden, hebt die intensive und formenreiche Suche nach anderen Umgangsformen mit fehlsamen Menschen an, um der unvergessenen Helga Einsele Bezeichnung erneut zu benutzen (ehemalige Leiterin der Frauenhaftanstalt in Frankfurt-Preungesheim).

Menschenrechte, als Grundbedürfnisse von Menschen in nachdrücklich historischer Anthropologie zu begründen, fahren nicht als leicht zu besteigender Fiaker vor, mit dem erfolgsschnell zu einem angestrebten Ort gefahren werden könnte. Darum mag gedankenfederleicht der Einwand erhoben werden, die Forderungen des Abolitionismus seien „utopisch". Sie seien darum „reformrealistisch" umzuzäumen. Der Einwand stimmt. Und er ist doch falsch. Jedenfalls, wenn man menschenrechtsorientiert und das heißt zugleich radikaldemokratisch handeln will. Der Einwand trifft zu, weil gegenwärtig nicht einmal ohne großen Aufwand mögliche Verbesserungen im Binnenraum der Haftanstalten chancenrosig aussehen. Allein die Diskussion um die „Sicherungsverwahrung" und deren Verrechtlichung belegen dies. Die erwähnten Sparmaßnahmen, die qua Föderalismusreform Repression vermehren, bestätigen das allgemeine Missverhältnis zwischen ausgreifenden Sicherheitskontrollen bis ins letzte Detail und der Verschlechterung sozialer Bedingungen, ohne den Sicherheitswahn so zufriedenstellen zu können. So wie es um menschenrechtliche Normen und ihre materiellen Formen in der BRD steht, haben gründliche wie wohl begründete Reformen keine Chance. Falsch wird der „reformistische", sogenannt realpolitische Einwand jedoch, wenn damit nahegelegt werden soll, für Menschenrechte einzutreten sei „unrealistisch", weil „die Menschen" nun einmal, mit Luther gesprochen, Madensäcke seien. Eher jämmerliche Triebgestalten. Das sind sie auch. Das können sie allein sein. Dazu werden sie herrschaftlich immer erneut gemacht. Sie könnten jedoch auch anders. Und sie würden in ihrer übergroßen entscheidenden Mehrheit anders werden, fänden sie Bedingungen vor, die ihr Selbstbewusstsein und ihr soziales Handlungsvermögen verbesserten. Falsch ist darum der Einwand gerade „realpolitisch". Wenn sich nur die Minderheit derjenigen, die sich abstrakt zu den Menschenrechten „bekennen", an die von diesen und ihrem eigenen Wissen angezeigten Verhaltensrouten hielten, dann nähmen die Brosamen menschenrechtsgemäßen Verhaltens unter den Menschen zu. Dazu muss man freilich die dauernde Spannung aushalten, an den unverwässerten Menschenrechten und ihrem radikaldemokratischen Bett als der Orientierung von Analyse, Kritik und Handeln festzuhalten und sich kompasssicher ins oft unsägliche Getümmel zu stürzen, um gegen das Gestrüpp der Schikanen Zentimeter der Freiheit zu erkämpfen (und zuweilen nicht einmal diese). Nie muss ich, der erst allmählich gewachsene und darum umso besser fundierte Abolitionist – so behaupte ich streitbar einfältig –, so mit mir und den dissonanten Schalmeien der Resignation kämpfen, als wenn ich von meinem, seit Jahrzehnten gepflogenen monatlichen Besuch als hilfloser „Freiwilliger Sozialer Helfer" (uff!) von Tegel in die akademisch nahezu indolente „Normalität" zurückkehre. Doch meine Härte nimmt bald danach zu. Menschenrechte im materialistischen Vollsinn des Wortes und seiner damit gemeinten Wirklichkeit verlangen die einzige Disziplin, die aus Freiheit erwächst und den eigenen wie den Weg anderer ins Freie spaßvoll fördert. Ernstgefüllt.

Wer also darauf aus ist, dazu beizutragen, sich selbst und andere aus eigenen und anderen angstphantasierten und herrschaftsfungiblen Gefängniswelten zu befreien, der oder die, am besten beide, am wichtigsten möglichst viele, müsste dabei mitwirken, eigene und fremde Mauern zu schleifen. Sie schützen nichts und niemanden. Sie inhaftieren. Dann können wir alle Fidelio hören, sehen, singen und pfeifen.

Verzeichnis der Autorinnen und Autoren

Elke Bahl ist Geschäftsführerin des Vereins BremischeStraffälligenbetreuung.

Sven Born, z.Zt. in Haft in der JVA Hamburg, ist dort aktiv als Redakteur der Gefangenenzeitung „blickpunkt".

Karl-Heinz Bredlow, Jurist, ist Leiter der JVA Iserlohn.

Johannes Feest, emeritierter Hochschullehrer, Kriminalwissenschaftler und Rechtssoziologe, ist Leiter des Strafvollzugsarchiv an der Universität Bremen.

Klaus Jünschke, Autor, Mitarbeiter beim Kölner Appell gegen Rassismus, publiziert seit über 15 Jahren zum Thema Jugendkriminalisierung; vgl. www.klaus-juenschke.de und www.jugendliche-in-haft.de

Gabriele Klocke ist Rechtslinguistin und Kriminologin an der Universität Regensburg.

Wolfgang Lesting ist Richter am OLG Oldenburg.

Wolf-Dieter Narr, Hochschullehrer, Politologe, ist Mitbegründer des Komitee für Grundrechte und Demokratie und lebt in Berlin.

Helmut Pollähne, Kriminalwissenschaftler, ist Rechtsanwalt in Bremen und Vorstandsmitglied im Komitee für Grundrechte und Demokratie.

Heike Rödder, Pfarrerin, arbeitet als Seelsorgerin in der JVA Rheinbach.

Sebastian Scharmer ist Rechtsanwalt und Strafverteidiger in Berlin, Mitglied des Arbeitskreises Strafvollzug der Berliner Strafverteidigervereinigung.

Gabriele Scheffler ist Geschäftsführerin der Bundesarbeitsgemeinschaft Straffälligenhilfe, Bonn.

Martin Singe, Theologe, koordiniert die Komitee-Projektgruppe „Strafvollzugsbedingungen" und arbeitet im Sekretariat des Komitee für Grundrechte und Demokratie in Köln.

Publikationen des Komitee für Grundrechte und Demokratie zum Thema Freiheitsstrafe/Strafvollzug

Reader zur Tagung „Haftbedingungen in der Bundesrepublik Deutschland", 62 Kopien, Köln 2008, 5,– €

Jahrbuch 2001/02: Haftsystem und Menschenrechte, Köln 2002, 15,–€

Manifest: Strafrechtliche Gewalt überwinden! Indem Opfern geholfen, Konflikte ausgeglichen und Schäden, soweit irgend möglich, behoben werden. Köln 1998, 1,– €

Lebenslänglich. Texte von zu lebenslanger Haft Verurteilten. (enthält auch das vergriffene Komitee-Manifest: Die Abschaffung der lebenslangen Freiheitsstrafe und die Zurückdrängung der zeitigen Freiheitsstrafen – Auf dem Wege zu gewaltfreien Konfliktlösungen; Köln 1994) Köln 1998, 5,–€.

Lebenslange Freiheitsstrafe: Ihr geltendes Konzept, ihre Praxis, ihre Begründung. Dokumentation der ersten öffentlichen Anhörung des Komitees (Mai 1993 in Bonn), Köln, 1994, 7,50 €.

Staatliches Gewaltmonopol, bürgerliche Sicherheit, lebenslange und zeitige Freiheitsstrafe. Dokumentation der zweiten öffentlichen Anhörung des Komitees (März 1994 in Bonn), Köln, 1994, 7,50 €.

Kleines Schwarzbuch Strafvollzug. Einige Erfahrungen und allgemeine Beispiele über Würde und Menschenrechte aus dem alltäglichen Knast. Sensbachtal 1992, 3,– €.

(Preisangaben incl. Porto und Versand; Bestellungen an Komitee für Grundrechte und Demokratie, Aquinostr. 7-11, 50670 Köln)

Komitee für Grundrechte und Demokratie

Das Komitee begreift als seine Hauptaufgaben, einerseits aktuelle Verletzungen von Menschenrechten kundzutun und sich für diejenigen einzusetzen, deren Rechte verletzt worden sind (z.B. sogenannte Demonstrationsdelikte, Justizwillkür, Diskriminierung, Berufsverbote, Ausländerfeindlichkeit, Totalverweigerung, Asyl- und Flüchtlingspolitik), andererseits aber auch Verletzungen aufzuspüren, die nicht unmittelbar zutage treten und in den gesellschaftlichen Strukturen und Entwicklungen angelegt sind (struktureller Begriff der Menschenrechte). Die Gefährdung der Grund- und Menschenrechte hat viele Dimensionen, vom Betrieb bis zur Polizei, vom „Atomstaat" bis zur Friedensfrage, von der Umweltzerstörung bis zu den neuen Technologien (nicht zuletzt im Bereich der Bio- und Gentechnologie), von der Meinungsfreiheit bis zum Demonstrationsrecht, von Arbeitslosigkeit bis zur sozialen Deklassierung, von den zahlreichen „Minderheiten" bis zur längst nicht verwirklichten Gleichberechtigung der Frau.

Vor allem praktische Hilfs- und Unterstützungsarbeit ist arbeits- und kostenaufwendig. Helfen Sie uns helfen! Spenden für die Komiteearbeit sind steuerlich absetzbar. Auf Anfrage senden wir gerne nähere Informationen zur Komiteearbeit, unsere Publikationsliste sowie Hinweise zur Möglichkeit der Fördermitgliedschaft zu.

Komitee für Grundrechte und Demokratie
Aquinostr. 7-11, 50670 Köln
email: info@grundrechtekomitee.de
web-Seite: http://www.grundrechtekomitee.de
Volksbank Odenwald, BLZ 508 635 13, Konto 8 024 618